校园足球教与学

纪桂武　主编

北京体育大学出版社

策划编辑　李志诚
责任编辑　吴光远
审稿编辑　梁　林
责任校对　张春芝
版式设计　司　维　博文宏图
绘图设计　王晓庆

图书在版编目（CIP）数据

校园足球教与学/纪桂武主编 . －北京：北京体育大学
出版社，2016. 3
ISBN 978－7－5644－2230－1

Ⅰ．①校…　Ⅱ．①纪…　Ⅲ．①足球运动－小学－教学
参考资料　Ⅳ．①G624. 83

中国版本图书馆 CIP 数据核字（2016）第 065553 号

校园足球教与学　　　　　　　纪桂武　主编

出　　版　北京体育大学出版社
地　　址　北京海淀区信息路 48 号
邮　　编　100084
邮 购 部　北京体育大学出版社读者服务部 010－62989432
发 行 部　010－62989320
网　　址　http：//cbs. bsu. edu. cn
印　　刷　北京昌联印刷有限公司
开　　本　787×1092 毫米　1/16
成品尺寸　260×185 毫米
印　　张　12. 5
字　　数　266 千字

2016 年 4 月第 1 版第 1 次印刷
定　价　39. 00 元
（本书因装订质量不合格本社发行部负责调换）

编 委 会

顾问委员会

序

　　足球是体育的重要项目，发展校园足球是推进体育改革、推进教育综合改革的重要举措。发展校园足球的国家层面目标，第一是要实现教育"立德树人"的根本任务，培养德智体美全面发展的人才；第二是要推进学校体育教学改革，促进青少年身心健康；第三是为中国足球的发展培养品学兼优的后备人才。从学校层面的目标，第一是提高学生的体质健康水平；第二是让学生掌握一项运动技能；第三是培养学生健全人格。

　　北京市延庆区康庄中心小学从 2004 年开展校园足球工作，进行了长达 12 年的探索与实践。期间，学校提出了"小足球、大教育"的理念，明确了"以足球润德、以足球健体、以足球启智、以足球育美"的校园足球育人目标，创造性地开设了足球课、创编了足球操、组织了班级足球联赛、举办了校园足球节、开展了足球课外活动等，完成了让足球"走进班级、走进体育课、走进课外活动"的全面普及，形成了"人人能踢球、班班有球队、周周有比赛，提高学生全面素质，培养全面发展人才"的康庄小学校园足球模式。这个模式也是全国开展校园足球的通用模式。

　　看到康庄小学就看到中国足球新的发展格局，看到了中国足球的未来。我们打造康庄中心小学校园足球模式，是希望全国校园足球特色学校能以此为示范，努力做到：第一，每周一节足球课；第二，每个孩子都踢球；第三，每个班都有球队；第四，每周都有比赛。按照康庄小学的模式，所有的特色学校学生都是足球人口，2 万所布点学校就是2 千万人，长此以往，必将迎来中国足球的振兴。

　　康庄小学把十几年来的校园足球经验进行总结提升，并编辑成教材，希望能为全国开展校园足球的学校提供参考和借鉴。

全国青少年校园足球工作领导小组办公室主任
教育部体卫艺司司长
中国足协副主席
2015 年 12 月

编写说明

　　《校园足球教与学》以《中共中央国务院关于深化教育改革全面推进素质教育的决定》的精神为指导，以国务院、教育部关于学校体育工作、校园足球工作文件精神为依据编写，供一至六年级教师在足球课堂教学中使用。为了帮助教师了解教材的编写意图，更好地使用教材，现就教材的编写情况做简要说明。

一、编写背景

　　北京市延庆区康庄中心小学从 2004 年开展校园足球，于 2009 年全面普及，形成了"人人能踢球、班班有球队、周周有比赛，提高学生全面素质，培养全面发展人才"的康庄小学校园足球模式。学校先后被评为"全国校园足球先锋学校""教育部校园足球试点学校"和"北京市足球传统项目学校"。2009 年开始进行教材编写，2010 年全面落实每班每周一节足球课。为了培养学生的足球运动兴趣，让学生初步掌握足球运动技能，有效落实足球课堂教学目标，提高足球课堂教学质量，康庄小学边实践、边研究、边总结，历时 7 年，十易其稿，进行了《校园足球教与学》的编写。

二、编写理念

　　足球课是学校体育课堂教学的重要组成部分，足球课堂教学要体现体育教学的三个功能，因此，教材的编写充分体现了促进学生全面发展的现代体育观。《校园足球教与学》充分体现了"健康第一""终身体育""全面育人"的三个理念。通过足球课堂教学，有效地落实了知识与能力、过程与方法、情感态度价值观三维目标，提高了学生体质健康水平，培养了学生足球兴趣，形成了运动习惯，培养了健全人格，促进了学生全面而有个性地发展。

三、编写原则

　　《校园足球教与学》为教师教学用书。本教材具有指导学生进行足球学习、帮助教师制订教学计划、规范课堂教学等重要作用。学校遵循以下原则进行教材编写。

（一）教育性原则

体育具有教育功能，足球运动即具有育人功能，教材编写切实有效地落实了素质教育要求，通过课程实施，提高学生身体素质，掌握运动技能，培养学生的团队意识与凝聚力，通过足球活动培养学生的协同合作精神、磨炼坚强的意志品质等，让每一位学生全面发展、茁壮成长。

（二）科学性原则

教材编写以教育规律、足球运动规律和学生身心发展规律这三大规律为基础，经过多年探索与实践，形成了一套科学有效的教学体系，全面体现足球教学的理念与目标，教学内容的编排由易到难、由简到繁，教学方法符合各年龄段学生的身心特点。

（三）系统性原则

把足球知识、足球技能、足球游戏等内容编入教材，并根据学生身心特点把教学内容划分为低年级、中年级和高年级三个部分。其中，低年级包括一、二年级，中年级包括三、四年级，高年级包括五、六年级。教材以这三个阶段划分教学任务与内容，体现了教学内容的完整性、教学阶段划分的有序性，形成一个系统的教学体系。

（四）实用性原则

教材教学内容系统全面、图文并茂，符合学生身心发展规律，充分考虑学生的可接受性，充分体现教与学的内容与方法，方便教师的教学，教材设计了每章节技术目标、动作方法、动作要点、教学重难点、教学建议、易犯错误及纠正、注意事项、巩固与拓展等环节，做到实用有效，方便教师教学参考。

（五）灵活性原则

本教材在教学内容、教学方法、教师使用上，都体现了灵活性。在教学内容上，虽然把教材划分为三个阶段，但根据学生的掌握情况和教学目标可以灵活调整，如中年级的抢截球内容，并非只有在中年级进行教学，在低年级和高年级也可以灵活进行抢截球的学习；在教学方法上，灵活运用游戏法、练习法等多种教学方法进行教学；在教师使用本教材上，由于受到天气原因、学生水平等诸多因素的影响，教师在制订教学内容时要根据实际情况进行灵活的选择和调整。

（六）差异性原则

教材的差异性体现在以下三个方面：第一，教材可以满足不同地区的各类学校使用；第二，教材适用于小学各年龄段；第三，教材适用于同一阶段不同水平的学生。

四、编写思路

教材从易到难、由简到繁进行编写。在内容的编排上，按低、中、高三个年级段安排相应教学内容，形成相互呼应、循序渐进的教学体系。采用丰富的教学方法与手段，把知识和技能的学习融入到各类游戏、对抗、比赛中去。深入落实素质教育，促进学生全面发展。

本教材在编写过程中，得到了国家教育部体育卫生与艺术教育司、全国青少年校园足球培训工作办公室、北京市教委、北京体育大学、首都体育学院、北京教育学院、北京市校园足球培训办公室、延庆区教委领导的帮助与支持，尤其是得到金志扬、于振峰、吴键、陈雁飞、邓广忠等专家的指导，在此表示感谢！教师在使用教材的过程中，如有什么意见或建议，可与编者探讨和交流。

目　录

第一篇 校园足球课程概述

一、开展校园足球课程的目的

足球运动是目前全球体育界最具影响力的运动，是学校体育的重要组成部分。开展校园足球是实现"立德树人"、培养全面发展人才的重要途径，是促进学生身心健康发展、培养品学兼优足球后备人才的重要途径。学校开展校园足球的根本目的在于以下方面。

（一）提高身体素质，促进学生健康成长

经常进行足球运动，可以提高学生的力量、速度、耐力、灵敏、柔韧、协调等身体素质，并能有效改善学生的心血管系统、呼吸系统的功能，从而促进学生的身心健康，有效地预防近视和肥胖等。

（二）掌握运动技能，养成终身体育习惯

校园足球的开展应以学生为主体，激发学生参与足球运动的兴趣，养成足球运动的习惯。通过合理的足球教学过程和科学的锻炼过程，让学生体验运动激情，分享足球快乐，感悟足球文化，掌握足球技能，养成积极乐观的生活态度和健康的行为生活方式，培养终身体育的意识和习惯。

（三）培养健全人格，促进综合素质提升

在开展校园足球活动中应深入挖掘校园足球在健身育人方面的独特价值和巨大潜力。着眼于学生全面发展，全面实施素质教育，通过足球让学生感悟足球文化、涉猎足球与历史文化等多方面的融合，感受其丰富文化内涵，让学生掌握运动技能、体验挫折、感受成功，使学生身体素质、道德品质、文明素养和审美能力等综合素质得到全面提升。

（四）扩大足球人口，培养足球后备人才

体育是综合国力和民族精神的重要标志，是展示国家形象的重要窗口，也是促进人

文交流的重要平台。反思中国足球运动与世界强国的差距，对青少年足球重视不够，发展基础薄弱，后备人才不足是一个重要原因。因此，应从校园着手，从娃娃抓起，大力普及和发展校园足球，培养足球幼苗，为我国足球运动的未来发展提供雄厚的人才支撑，夯实未来发展的坚实基础。

二、校园足球课程特点

校园足球课程是学生以身体练习为主要手段，通过合理的、科学的体育锻炼，达到增强体质、增进健康和培养良好意志品质的目标。课程的设置本着循序渐进、由易到难的原则，提高学生参与兴趣。通过游戏竞赛、小组合作等多种训练方法，使学生通过系统的学习掌握足球的基本技术、战术和理论知识。

（一）基础性

小学阶段是学生学习的基础阶段，也是学生学习足球运动的重要阶段。开展校园足球对于促进学生的成长、夯实我国足球运动发展的基础、推动学校体育的深入发展，具有重要和深远的意义。在小学阶段开始让学生感悟足球文化，了解足球历史，掌握科学锻炼身体的基本方法，建立正确的足球运动观念，养成良好的足球运动习惯，为学生打下人生的基础。

（二）趣味性

兴趣既是学生学习足球的诱因，也是坚持足球运动的动力。兴趣是诱发个体的内驱力。在课堂教学中，教师必须提高执教艺术，注意营造生动活泼的氛围，通过安排趣味性游戏、竞争性练习、小型比赛等，让学生想踢球、爱踢球、能踢球，激发学生主动参与，增强信心，感悟成功，使学生在健康快乐的足球环境中熏陶足球文化、体验足球乐趣、汲取足球营养、实现足球梦想。

（三）实践性

足球课程是采取以学生实践活动为主的教学方式。通过形式多样的教学活动，让学生走进足球场，感悟足球运动，主动学习足球技能。通过足球运动使学生了解足球、认识足球，提高学生身体素质，提升运动能力和足球意识。

（四）竞技性

足球运动是一项以竞技为主的运动，既可以是一对一的过人突破，也可以是队伍之间的足球比赛。双方在绝对公平、公正的前提下，通过良性的竞争，提高学生比赛能力、团队配合能力，在比赛中养成良好的心态，失败时不气馁，成功时不骄傲，培养积极向上和顽强拼搏的精神。

（五）综合性

足球课程是对学生进行素质教育的一种有效途径。通过足球课堂推进素质教育，提高教育质量，促进学生全面发展。开展校园足球活动，不是让所有的学生都成为足球运动员，而是培养学生的运动兴趣，培养学生对足球运动的喜爱，培养学生良好的意志品质，真正扩大学生参加足球运动的参与面，在夯实足球运动雄厚的基础上，发现足球幼苗，进一步提高他们的足球运动技能和水平，让他们将来可以成为理性的球迷、足球的记者、专业的后备人才。

三、校园足球课程目标

校园足球小学阶段教学目标按照学生的学段和足球运动相关的5个版块进行划分，制订了各个水平和每个方面的阶段教学目标，为教师教学提供参考。以下的教学目标为各水平的对应目标，在进行具体的单元和课时的目标设计上，需要对以下5个方面进一步分配和细化，见表1-1。

表1-1 校园足球小学阶段教学目标

年级	体能	技能	足球参与	学习态度	合作精神
低年级（一至二年级）	全面发展身体素质，以能够完成多种与足球运动有关的柔韧性、灵敏性和协调性等运动为主	学习与足球运动相关知识，了解和学习足球基本技术技能。以游戏法为主进行有关球性、控球、传球等技术为主的学习	参与足球活动，能够积极、主动参与足球游戏，进行足球有关知识的了解和学习	学习态度认真，能较好地控制自己的行为，充分地展示自我	适应足球活动，能够与同伴一起参与足球活动并与同伴友好相处
中年级（三至四年级）	全面发展身体素质。着重发展足球运动所需的素质，如柔韧性、灵敏性、速度等	进一步学习足球相关知识。理解和掌握足球基本技术技能，如停球、假动作、抢截球等	参与足球活动，能够积极、主动参加足球课和课外活动，并自觉进行足球技术、技能的学习	重视足球课，能掌握一定的技能，能很好地与人交往合作学习，具有良好的创新精神	在足球活动中主动与同伴进行交流合作

年级	体能	技能	足球参与	学习态度	合作精神
高年级（五至六年级）	全面发展身体素质，进一步提高运动能力。在原有基础上进一步提高灵敏、速度等素质，发展学生的力量、速度和耐力等素质	丰富足球运动知识的学习。掌握足球基本技术技能，并能合理运用到比赛中，如，射门、定位球、攻防战术等	参与足球活动，能够积极、主动参加足球课和课外活动，并自觉参与足球比赛	积极投入学习，参加班级足球各类活动，热爱集体，保护他人的意识较强	理解合作精神的重要性，在比赛中能履行职位职能，能够在比赛中表现出合作精神

四、校园足球课程评价建议

（一）校园足球教学评价指标的设计

根据足球教学目标可以把评价项目分为技能、体能、足球参与、学习态度和合作精神这几个方面。

1. 体　能

其主要根据足球教学的实际需要和《国家学生体质健康标准》进行评价。对低年级学生进行以柔韧性、灵敏性、协调性为主的评价，如坐位体前屈、绕障碍蛇形跑、闭眼单腿站立等；对中年级进行以灵敏、速度（主要以反映速度和动作速度为主）、耐力为主的素质评价，如信号刺激练习、启动和急停的练习、50 米跑、纵跳摸高、立定跳远等；对高年级进行以灵敏、速度、力量和有氧耐力为主的素质评价，如俯卧撑、深蹲、转身起跑、变向变速跑、定时跑等。

2. 技　能

其主要根据不同年龄段的教学计划和学生的实际情况进行评价。对低年级学生进行以球性球感、脚内侧传地滚球、控球、脚背正面运球等技术为主的技能评价；对中年级学生进行以各部位停球、抢截球、假动作、正面头顶球、掷界外球和守门员技术为主的技能评价；对高年级学生进行以射门、定位球、小组战术为主的技能和战术评价。

对低年级学生的技能评价主要以让学生了解足球知识、体验足球运动为主，学习基本的足球技能，并能初步了解足球安全运动和安全避险的知识与方法为主；对中年级学生的技能评价主要以对足球运动的理解程度和完成足球技能的质量，并能重视在练习和比赛中的相互保护与自我保护为主；对高年级学生的技能评价主要以掌握有一定难度的足球技能、理解阵形和位置职责、可以运用简单的攻守战术、了解常见的运动损伤预防和处理方法为主。

3. 足球参与

对低年级学生的足球参与评价主要为足球课和课外活动的参与情况，如不迟到、不旷课、积极主动完成学习任务等；对中年级学生的足球参与评价主要为足球游戏、练习和比赛的参与情况，如愉快地参加足球游戏、足球练习与足球比赛；对高年级学生的足球参与评价主要为感受足球运动带来的乐趣，如认识到足球运动是一种积极性恢复、能够在足球练习中获得成功的体验和快乐感。

4. 学习态度

学习态度认真，能较好地控制自己的行为，充分地展示自我，积极参与足球活动。掌握一定的足球技能，能很好地与人交往，合作学习，具有良好的创新精神，主动参加班级各类足球活动，热爱班集体，保护他人的意识强烈。

5. 合作精神

对一、二年级学生合作精神的评价主要为学生在足球运动中适应新的环境，如在新环境中进行游戏和练习、与同学相处情况、在进行分组后的适应情况等；对三、四年级学生合作精神的评价主要为学生在足球活动中的交流与合作，如与同伴交流、与同伴共同完成足球活动等。对五、六年级学生合作精神的评价主要为履行自己的位置职责和在团队活动中的合作表现，如融入团队的情况、履行自己位置职责和完成任务的情况、在足球比赛中的合作表现等。表1-2为学生足球活动评价表。

表1-2　学生足球活动评价表

评价项目	评价内容	评价方法			评价等级（A、B、C、D）
		自评	互评	教师评	
体能					
技能					
足球参与					
学习态度					
合作精神					

（二）校园足球教学评价的实施

教师应该在每个学期、学年结束时对学生在体能、技能、足球参与、学习态度和合作精神等方面进行终结性评价。除此之外，教师在评价实施的过程中，还应注意对学生进行形成性评价。在评价方法上，应包含学生自我评价、学生之间的评价和教师对学生的评价这几个方面。

1. 形成性评价和终结性评价

形成性评价是在教学过程中，为完成和调节教学活动，保证教学目标的顺利进行而对学生学习效果的评价。终结性评价是以预先设定的教学目标为基准，对学生学习的阶段性效果进行的评价。在足球教学过程中，要注意两者的相互结合，以终结性评价为目标，以形成性评价为依据，注意科学有效、循序渐进地进行足球教学。

2. 足球学习评价的结果与反馈

教学评价是用教学活动的阶段性结果来调整未来的教学目标，教学评价的主要目的是为了改进教学，对教学活动中存在的问题进行分析，找出问题所在，对未来的教学目标进行调整，对学生进行区别对待的教学。

（三）校园足球学习评价的示例

1. 颠球的评价示例（表1-3）

表1-3　颠球的评价示例

技能内容	评价项目	评价方法	评价标准	适用对象
颠球	脚背正面颠球	用脚背正面颠球，记连续颠球的次数	A. 熟练运用左右脚交替颠球，次数在20次以上 B. 掌握颠球正确方法，运用左右脚交替颠球，次数在10次以上 C. 理解颠球方法和动作，可以运用单脚颠球，次数在5次以上 D. 了解颠球方法和动作	高年级：A、B 中年级：B、C 低年级：C、D
	大腿颠球	用大腿颠球，记连续颠球的次数	A. 熟练运用左右腿交替颠球，次数在20次以上 B. 掌握颠球正确方法，运用左右腿交替颠球，次数在10次以上 C. 理解颠球方法和动作，可以运用单腿颠球，次数在5次以上 D. 了解颠球方法和动作	高年级：A、B 中年级：B、C 低年级：C、D

技能内容	评价项目	评价方法	评价标准	适用对象
颠球	行进间颠球	在进行过程中运用合理部位进行颠球，记球不落地的颠球进行距离	A. 在进行过程中能很好地控制足球，进行距离在 10 米以上 B. 在进行过程中能较好地控制足球，进行距离在 5 米以上 C. 在进行过程中不能控制好足球，进行距离在 5 米以下 D. 无法在行进中颠球	高年级：A、B 中年级：B、C 低年级：C、D

2. 传球的评价示例（表 1-4）

表 1-4　传球的评价示例

技能内容	评价项目	评价方法	评价标准	适用对象
传球	脚内侧传球	10 米距离传地滚球	A. 熟练运用左右脚进行脚内侧传地滚球。传球的力度和准度合理 B. 掌握左右脚脚内侧传地滚球方法。传球的力度和准度较为合理 C. 理解脚内侧传地滚球的方法。可以运用较为正确的姿势和动作进行单侧脚的脚内侧传地滚球 D. 了解脚内侧传地滚球的动作方法	高年级：A、B 中年级：B、C 低年级：C、D
	脚背内侧传球	20 米距离传高空球	A. 熟练运用左右脚进行脚背内侧传高空球。传球的力度和准度合理 B. 掌握单侧脚进行脚背内侧传高空球。传球的力度和准度较为合理 C. 理解脚背内侧传高空球动作方法。传球的力度和准度基本合理 D. 了解脚背内侧传高空球的动作方法	高年级：A、B 中年级：B、C 低年级：C、D

五、校园足球课程内容与课时分配

（一）小学足球课程实践内容及教学要求

1. 足球技术

（1）颠 球

12 个部位颠球。

（2）传 球

基本掌握脚内侧、脚背内侧、脚背外侧、脚背正面踢球、脚尖踢球。

（3）停 球

基本掌握脚内侧停球、脚背外侧停球、脚背正面停球、脚底停球、大腿停球、头部停球、腹部停球、胸部停球。

（4）运 球

基本掌握脚内侧、脚背外侧、脚背正面、脚背内侧运球、拨球、拉球、扣球、挑球、颠球、强行突破，运球假动作突破，快速拉、扣、拨球突破，变速运球突破，穿裆球突破，人球分过突破。

（5）抢截球

基本掌握正面跨步堵抢、合理冲撞抢球、正面铲球、异侧脚铲球、同侧脚铲球。

（6）头顶球

基本掌握前额正面头顶球、原地头顶球、跑动头顶球、原地跳起头顶球、跑动跳起头顶球、鱼跃头顶球、向后蹬头顶球。

（7）假动作

有球假动作、无球假动作。

（8）掷界外球

基本掌握原地掷界外球、助跑掷界外球。

（9）守门员技术

准备姿势、移步、接球。

（10）射 门

脚内侧、脚背内侧、脚背外侧、脚背正面、脚跟、脚尖。

【教学要求】

通过学习使学生基本掌握足球各项基本技术的正确动作方法，能够正确进行讲解、示范，具有初步的教学训练能力和纠正错误能力。

2. 足球战术

（1）个人战术

跑位（摆脱、接应、拉开、切入、插上、套边、包抄、扯动、牵制）、传球、运球突破、射门、选位、盯人、抢断、抢球、封堵。

（2）局部战术

传切配合、交叉掩护配合、二过一配合（踢墙式二过一、斜传直插二过一、直传斜插二过一、回传反切二过一、交叉掩护二过一）、保护、补位、围抢。

（3）整体战术

中路进攻、边路进攻、转移进攻、快速反击进攻、层次进攻、破密集防守进攻。区域人盯人防守、人盯人防守、混合盯人防守、向前逼压式防守、层次回撤式防守、快速密集式防守。

（4）定位球战术

中点开球、任意球、角球、掷界外球、球门球、点球等进攻和相应的防守。

【教学要求】

通过学习使学生基本掌握足球战术的配合打法，并能在比赛中应用，具有初步的战术教学与训练能力。

3. 足球主项身体素质训练

（1）力量素质

颈部、上肢、肩背力量、腰腹力量、腿部力量、全身力量。

（2）速度素质

反应速度、动作速度、位移速度。

（3）耐力

有氧耐力、无氧耐力。

（4）灵敏素质

一般灵敏素质、专项灵敏素质。

（5）柔韧素质

静力拉伸法、动力拉伸法。

【教学要求】

通过教学与训练提高学生的足球专项身体素质，使学生基本掌握足球教学与训练方法。

（二）校园足球各学段内容课时分配

按照每学期18周，每周1节足球课的安排，用表格形式列出了各学段阶段足球学习内容与课时分配。教师在确定本校足球学习的内容和课时分配时，应根据本校条件、学生基础等因素，遵循难者多教、易者少教、反复出现、螺旋递进、学练结合的原则，确定本校具体、合理、可行的足球学习内容与课时分配。以下内容为示例，仅供参考。

1. 低年级教学内容与课时分配（表1-5）

表1-5　低年级教学内容与课时分配

年级	一年级		二年级	
课时分配	36		36	
	18	18	18	18
	上学期	下学期	上学期	下学期
足球理论知识	1	1	1	1
脚背正面颠球	1	1	1	1
大腿颠球	1	1	1	1
拉、拨、挑、扣	2	2	2	2
护球	1	1	1	1
脚背正面运球	1	1	1	1
脚内侧运球	1	1	1	1
脚背外侧运球	1	1	1	1
脚内侧传球	1	1	1	1
脚背正面传球	1	1	1	1
脚背内侧传球	2	2	2	2
脚内侧停地滚球	1	1	1	1
大腿停空中球	1	1	1	1
脚内侧射门	1	1	1	1
脚尖射门	1	1	1	1
原地掷界外球	1	1	1	1

2. 中年级教学内容与课时分配（表1-6）

表1-6　中年级教学内容与课时分配

年级	三年级		四年级	
课时分配	36		36	
	18	18	18	18
	上学期	下学期	上学期	下学期
足球理论课	1	1	1	1
助跑掷界外球	1	1	1	1

年级	三年级		四年级	
课时分配	36		36	
	18	18	18	18
	上学期	下学期	上学期	下学期
脚内侧停空中球	1	1	1	1
脚背正面停空中球	1	1	1	1
胸部停球	2	2	2	2
抢截球	2	2	2	2
脚背内侧射门	2	2	2	2
脚背外侧射门	2	2	2	2
脚背正面射门	2	2	2	2
原地头顶球	2	2	1	1
跳起头顶球	1	1	2	2
守门员技术	1	1	1	1

3. 高年级教学内容与课时分配（表1-7）

表1-7 高年级教学内容与课时分配

年级	五年级		六年级	
课时分配	36		36	
	18	18	18	18
	上学期	下学期	上学期	下学期
足球理论课	2	2	2	2
无球假动作	1	1	1	1
有球假动作	2	2	2	2
身体素质练习	2	2	2	2
个人战术	3	3	3	3
小组战术	3	3	3	3
定位球战术	2	2	2	2
足球教学比赛	3	3	3	3

六、校园足球课程教学计划

按照课程标准的划分，小学每2年是1个学段，结合学生身心特点和学校场地、设施等实际情况，科学、合理地规划教学内容。

（一）校园足球水平教学计划的制订

1. 制订足球水平教学计划的基本要求

（1）可行性：确定教学内容后，在这个水平阶段学生能基本完成教学内容。

（2）层次性：安排教学课时，学习应该从易到难、由简到繁。安排单元教学内容，做到循序渐进、持之以恒。

2. 教学内容的类别选择

根据小学足球的特点、要求按内容分为一般内容和重点内容。（表1-8、表1-9）

表1-8　水平一教学内容选择

类别	足球理论知识	脚背正面颠球	大腿颠球	拉拨挑扣	护球	脚背正面运球	脚内侧运球	脚背外侧运球	脚内侧传球	脚背正面传球	脚背内侧传球	脚内侧停地滚球	大腿停空中球	脚内侧射门	脚尖射门	原地掷界外球
一般内容	▲		▲		▲			▲					▲		▲	
重点内容		▲		▲		▲	▲		▲	▲	▲			▲		▲

表1-9　水平二教学内容选择

类别	足球理论课	助跑掷界外球	脚内侧停空中球	脚背正面停空中球	胸部停球	抢截球	脚背内侧射门	脚背外侧射门	脚背正面射门	原地头顶球	跳起头顶球	守门员技术
一般内容				▲	▲			▲			▲	▲
重点内容	▲	▲	▲			▲	▲		▲	▲		

表 1-10   水平三教学内容选择

类别	足球理论知识	无球假动作	有球假动作	身体素质	个人战术	小组战术	定位球战术	足球教学比赛
一般内容		▲		▲			▲	
重点内容	▲		▲		▲	▲		▲

（二）足球课程学期教学计划制订

学期教学计划是由任课教师根据教材编制，学期教学计划是教学的依据，也是教学正常进行的保证。制订教学计划是熟悉课程标准、教材，熟悉学生的过程。

学期教学计划是指对一个学期教学内容做一个总体安排，使教学工作能有计划、有目的地进行。学期教学计划一般应在学期开始前制订好，最迟也应在开学 1 周内完成。教师制订计划时必须认真钻研教材，把握教材体系和教学重点，认真分析本班学生的实际情况。表 1-11 为小学一年级第一学期的校园足球教学计划（示例）。

表 1-11   小学一年级第一学期的校园足球教学计划（示例）

学期目标	运动参与：在游戏和教学中培养学生对足球运动参与的兴趣 运动技能：通过运球、控球的练习提高学生的球性，为以后参加比赛做准备 情感态度与价值观：培养学生团结合作的精神、不断拼搏的坚强意志	
周次	教学内容	技能目标
1	足球理论知识	了解足球基本知识和常识
2	脚背正面颠球	学习脚背正面颠球的基本动作
3	大腿颠球	了解大腿颠球的基本动作
4	拉、拨、挑、扣	了解学习拉、拨、挑、扣的基本动作
5	拉、拨、挑、扣	基本掌握拉、拨、挑、扣的技术动作
6	护球	了解护球的基本动作和应用
7	脚背正面运球	了解和学习脚背正面运球的技术动作
8	脚内侧运球	了解和体会脚内侧运球的技术动作
9	脚背外侧运球	了解和体会脚背外侧运球的技术动作
10	脚内侧传球	了解和体会脚内侧传球的技术动作
11	脚背正面传球	了解和体会脚背正面传球的技术动作
12	脚背内侧传球	了解和体会脚背内侧传球的技术动作
13	脚背内侧传球	基本掌握脚背内侧传球的技术动作

周次	教学内容	技能目标
14	脚内侧停地滚球	了解和掌握脚内侧停地滚球的技术动作
15	大腿停空中球	了解和体会大腿停球的技术动作
16	脚内侧射门	了解和掌握脚内侧射门的技术动作
17	脚尖射门	了解和体会脚尖射门的技术动作
18	原地掷界外球	了解和学习原地掷界外球的技术动作

（三）足球单元教学计划的制订

单元教学计划是把学期教学计划中安排的内容深化和具体化，它保证主要教材的教学有目的、系统地进行，是教师课时计划的直接依据。

1. 低年级单元教学计划示例（表1-12）

表1-12　低年级　脚内侧传球　单元计划　5课时

教学内容	脚内侧传球		
教学目标	1. 通过教学使学生初步掌握脚内侧传球的动作方法，发展学生的体能和灵活性；在学习中熟悉球性，提高学习兴趣，为以后学习打好基础 2. 通过讲解示范、集体练习、自主练习等方式开展教学，使学生掌握基本技术动作 3. 培养学生克服困难、相互合作的优良品质和勇敢顽强、机智果断的精神		
教学策略	1. 教学中采用示范、讲解、模仿、练习、展示、评价、游戏等多种教学方法 2. 通过辅助教具等多种教学手段突破教学重点、难点，促进学生动作技能的形成与掌握 3. 通过练习中增加游戏与比赛的因素，提高学生练习兴趣和传球能力		
课时	教学目标	教学重难点	教法措施
1	通过初步学习脚内侧传球动作，使95%以上学生了解脚内侧传球动作及要领。通过讲解、示范、分组练习，使80%以上的学生基本能掌握正确的击球部位和触球部位并将球踢出，发展身体的灵敏性、协调性。培养学生勇敢顽强、刻苦锻炼的精神	重点：支撑脚的位置 难点：脚触球部位正确及传球准确	1. 讲解、示范脚内侧传球动作 2. 带领学生徒手模仿 3. 组织学生对墙传球，巡视指导 4. 利用踢固定球纠正脚触球的部位 5. 讲解、纠正支撑脚位置 6. 组织在固定位置对传球

续表

课时	教学目标	教学重难点	教法措施
2	复习脚内侧传球动作，使80%以上学生能基本说出脚内侧传球的动作环节及要领。通过讲解、示范、提示、纠正练习，使85%以上的学生能基本完成脚内侧传球的助跑和立足动作，发展身体的灵敏性、协调性，提高脚内侧传球的能力。培养学生克服困难、勇于拼搏的精神	重点：助跑支撑连贯 难点：支撑稳定	1. 复习脚内侧踢球的方法 2. 强调支撑脚位置，组织无球模仿练习 3. 组织固定球练习，纠正学生动作 4. 利用标记纠正支撑脚站位练习 5. 组织学生快慢结合助跑，体会支撑脚位置 6. 组织学生展示
3	巩固脚内侧传球技术动作，使90%以上学生能较正确说出脚内侧传球动作环节及要领。通过各种练习方法和手段，使85%的学生能基本做出传球摆腿击球动作。发展身体灵敏性、协调性及下肢力量。培养学生克服困难的优良品质	重点：摆腿 难点：展髋大腿带小腿快摆	1. 复习脚内侧传球，发现问题及时纠正 2. 讲解、示范大腿带动小腿，快摆击球 3. 组织无球练习 4. 组织原地传球摆腿练习 5. 加大传球距离练习，提示展髋、钩脚 6. 组织学生展示
4	提高脚内侧传球技术动作，使90%以上学生能正确说出脚内侧传球动作要领及环节。通过各种练习方法和手段，使85%的学生能基本做出脚内侧传球动作的击球动作，击球部位正确，发展身体灵敏性、协调性及下肢力量。培养学生克服困难、不断向新目标挑战的优良品质	重点：快摆击球 难点：绷踝加速	1. 复习动作，强调击球时间、击球点和用力 2. 组织脚内侧传球练习 3. 讲解示范击球后的随前动作 4. 组织学生练习，提示随前 5. 组织展示评价 6. 组织跑位练习
5	提高脚内侧传球技术动作，使90%以上学生能快速正确说出脚内侧传球动作要领及环节。通过各种练习方法和手段，使90%的学生能基本做出脚内侧传球后随前动作，发展身体灵敏性、协调性及下肢力量。培养学生的克服困难、不断向新目标挑战的优良品质	重点：击球后身体随前 难点：前摆送髋	1. 复习脚内侧传球方法，宣布考核办法和标准 2. 组织集体练习，提示动作要点，及时纠正动作 3. 组织分组练习，有针对性练习 4. 组织分组考核 5. 宣布考核结果 6. 组织优秀生展示

2. 低年级教案示例（表 1－13）

表 1－13　低年级　脚内侧传球　第一次课

授课人：　　　　　　　　　　　　　　　　　　　　　　　授课日期：

教学内容	1. 脚内侧传球　2. 传接球接力					
教学目标	通过初步学习脚内侧传球动作，使95%以上学生了解脚内侧传球动作环节及要领。通过讲解、示范、分组、合作练习，使80%以上的学生基本能体验出正确的击球部位和触球部位并将球踢出，发展身体的灵敏性、协调性。培养学生勇敢顽强、刻苦锻炼的精神。通过游戏发展上下肢力量和身体协调性、灵活性，培养团结协作能力					
重点难点	重点：触球部位 难点：支撑脚站位				运动量	

		教学过程				
环节	时间	教学内容	教师活动	学生活动	次数	时间
开始部分	3分钟	一、课堂常规 1. 班长整队，报告人数 2. 师生问好 3. 宣布课的内容 4. 检查服装 5. 安排见习生 二、队列练习 1. 三面转法 2. 踏步走及立定	1. 激情导入 2. 宣布课的内容 3. 教师讲解队列练习方法并组织练习 4. 提出要求	组织： ××××××× ××××××× ××××××× ××××××× △ 1. 学生集合站队 2. 学生听讲 3. 进行队列练习 要求： 1. 精神饱满 2. 队列整齐	1 2 ~ 3	1分钟 2分钟
准备部分	8分钟	一、徒手操 1. 伸展运动 2. 扩胸运动 3. 体侧运动 4. 体转运动 5. 踢腿运动 6. 全身运动 7. 跳跃运动 二、辅助练习 1. 踩球 2. 荡球	1. 教师带领练习，提出要求 2. 教师组织学生熟悉球性练习 3. 评价小结	成体操队形 ××××××× ××××××× ××××××× ××××××× △ 集体练习 要求： 1. 动作充分，练习认真 2. 动作协调，注意安全 3. 学生仔细听讲	4 × 8 8 × 8	4分钟 4分钟

环节	时间	教学内容	教师活动	学生活动	次数	时间
基本部分	18分钟	一、脚内侧传球动作方法：直线助跑，速度和距离要适宜，支撑脚踏在球侧方约一脚远，脚尖对准出球方向；踢球时，支撑腿的膝关节微屈，重心稍下降，摆动腿髋关节外展，使脚内侧对准球，以大腿带动小腿快摆击球；击球时，脚腕用力绷紧，以脚内侧击球的后中部；击球后，随球跟进	1. 讲解、示范脚内侧传球动作 2. 带领学生徒手模仿 3. 组织学生对墙传球，巡视指导 4. 利用踢固定球纠正脚触球的部位 5. 讲解、纠正支撑脚位置 6. 组织在固定位置对传球 7. 教师小结	1. 认真听讲，观察动作 2. 集体无球模仿练习，体会动作要领 3. 分组对墙传球 要求：体会脚触球的部位 4. 2人1组，1人踩球固定，1人练习以脚内侧触球 要求：互相指导 5. 反复练习支撑脚站位 6. 在固定球侧方设置支撑脚站位，用十字标出，在固定位置传球 7. 交流体会 要求：认真体会动作，互相配合，注意安全	2 5 8 6 5 5 1	14分钟
	8分钟	二、传接球接力游戏方法：游戏开始，各队第一人用脚内侧传球技术使球穿过"标志桶"，安全通过未碰倒标志桶得1分；第一人踢完后迅速与停球人互换；停球人将球交给第二人后回队尾，以此依次进行，最后以分多的队为胜	1. 讲解游戏方法及规则 2. 组织学生尝试动作 3. 组织学生交流 4. 教师小结 （1）足球必须放在规定线后 （2）必须用脚内侧传球技术"踢球入门"	1. 观察动作，认真听讲 2. 各组尝试游戏方法 3. 交流各自体会 4. 进行比赛 5. 总结成败经验 6. 再比赛 要求： 1. 足球必须放在规定线后 2. 必须用脚内侧传球技术"踢球入门"	1 1 3	12分钟

环节	时间	教学内容	教师活动	学生活动	次数	时间
结束部分	3分钟	一、放松活动《快乐的节日》 二、集合整队 三、教师小结 四、下课	教师带领学生练习 总结课堂表现，布置课下任务	跟着音乐放松 认真听讲	1	3分钟
场地器材		1. 小足球21个 2. 标志桶12个 3. 足球场1块 4. 哨子1个	心率曲线预计			
			密度预计	30%~35%	运动负荷预计	125~130次/分
课后反思						

3. 中年级单元教学计划示例（表1-14）

表1-14　中年级　原地头顶球　单元计划　5课时

教学内容	原地头顶球		
教学目标	1. 学习原地头顶球技术，使学生了解原地向前（侧）顶球动作的相关知识，体验原地向前（侧）顶球的技术动作；采用游戏和比赛的形式，使学生快速形成原地向前（侧）顶球的技术动作 2. 发展学生力量素质、灵敏性、协调性 3. 培养学生勇敢、顽强、拼搏、竞争等优良品质		
教学策略	1. 采用示范讲解的方法，帮助学生建立正确的动作表象 2. 采用反复练习的方式，加深肌肉记忆，加速动作技术的形成 3. 贯彻"先易后难、循序渐进"的教学原则，使学生逐步掌握动作技术，进而提高动作技术质量 4. 采用游戏和比赛的形式进行教学，激发学生的学习兴趣		
课次	教学目标和要求	教学重难点	教法措施
1	初步学习原地向前顶球技术，使90%左右的学生了解原地向前顶球的动作方法和技术特点；采用示范讲解、顶固定球、分组练习等方法，使学生掌握正确触球部位，并初步体验原地向前顶球技术。发展学生力量、灵敏、协调等身体素质；培养学生互帮互学、团结协作的优良品质 要求：以前额正面触球	重点：前额正面触球 难点：上体后仰前摆	1. 引导学生自由体验原地头顶球动作 2. 教师示范原地前额正面顶球动作技术，引导学生观察"顶球前的预备姿势及用哪个部位顶球" 3. 学生观察并回答问题（上体后仰前摆；前额正面触球） 4. 组织学生无球模仿练习，体会动作要领 5. 组织学生分组顶固定球练习，体会前额正面触球 6. 组织学生自抛自顶练习 7. 组织学生2人1组，互抛互顶练习 8. 找优生示范 9. 组织学生巩固练习 10. 教师评价小结，指出努力方向

课次	教学目标和要求	教学重难点	教法措施
2	进一步学习原地向前顶球技术，使90%左右的学生明确基本技术动作，掌握其与实际运用的关系；采用分组练习、反复练习等方法帮助学生快速形成原地向前顶球技术动作，发展学生力量、灵敏、速度、协调等身体素质；培养学生合作能力和团队意识 要求：顶球时机准确	重点：顶球时机准确 难点：用力协调	1. 组织学生2人1组，近距离互抛互顶练习 2. 教师示范讲解，强调顶球时机与协调用力 3. 组织学生2人1球，一抛一顶练习，主要体会顶球时机 4. 教师巡视指导，强调睁眼看球 5. 组织学生2人1组，中远距离互抛互顶练习 6. 找优生示范，引导其他学生评价 7. 组织学生分组巩固练习 8. 组织学生顶球射门练习
3	巩固练习原地向前顶球技术，使95%左右学生明确基本技术动作，掌握其与实际运用的关系；采用游戏与比赛相结合的方法，使学生熟练掌握原地向前顶球的技术动作，发展学生力量、灵敏、速度、协调等身体素质；培养学生团队意识和沉着、果断、勇敢、坚强的良好品质 要求：顶球有力，动作协调自然	重点：顶球有力且准确 难点：动作协调自然	1. 组织学生2人1组，复习原地向前顶球技术 2. 组织学生用头部触球做顶球模仿练习，要求上体后仰，挺胸展腹，收腹折体 3. 组织学生2人1组，中远距离快速抛球顶球练习 4. 找优生示范，引导其他学生观察评价 5. 组织学生做游戏"头顶球比多" 6. 组织学生分组做头顶球射门比赛 7. 教师评价小结，提出改进意见
4	学习原地向侧顶球技术，使90%左右的学生了解原地向侧顶球的动作方法和技术特点；采用体验练习、分组练习等方法，使学生快速形成原地向侧顶球的动作技术。发展学生力量、灵敏、协调等身体素质；培养学生互帮互学、团结协作的优良品质 要求：上体后仰、转体、侧摆	重点：上体后仰、转体、侧摆 难点：顶球的时机及头触球的部位	1. 复习、巩固原地向前顶球技术 2. 启发学生体验原地向侧顶球动作 3. 教师示范讲解并引导学生模仿顶球动作，体会动作方法 4. 顶固定球或吊球练习，重点体会触球部位 5. 互抛互顶练习 6. 先练习顶近距离和轻力量的来球，再练习顶中、远距离和较大力量的来球 7. 3人1组，站成三角形。1人抛，1人顶，1人接，反复练习 8. 熟练掌握顶球技术后，进行顶球与射门结合练习

续表

课次	教学目标和要求	教学重难点	教法措施
5	通过考核检查学生掌握原地头顶球技术的情况。提高完善学生的原地头顶球技术，培养学生机智、果断等优良品质 要求：技术正确、用力协调、准确性高	重点：技术动作正确 难点：顶球有力、准确性高	1. 组织学生复习原地头顶球动作 2. 教师讲解考核方法及评分标准 3. 组织学生分组考核 4. 公布考核结果 5. 教师小结，提出努力方向

4. 中年级教案示例（表 1-15）

表 1-15　中年级　原地头顶球　第一次课

授课人：　　　　　　　　　　　　　　　　　　　　　授课日期：

教学内容	1. 原地向前头顶球　2. 足球游戏："头顶球比多"					
教学目标	初步学习原地向前顶球技术，使 90% 左右的学生了解原地向前顶球的动作方法和技术特点；采用示范讲解、顶固定球、分组练习等方法，使学生掌握正确触球部位，并初步体验原地向前顶球技术，发展学生力量、灵敏、协调等身体素质；培养学生互帮互学、团结协作的优良品质					
重点难点	重点：前额正面触球 难点：上体后仰前摆				运动量	

教学过程						
环节	时间	教学内容	教师活动	学生活动	次数	时间
开始部分	约3分钟	一、课堂常规 1. 班长整队，报告人数 2. 师生问好 3. 宣布课的内容 4. 检查服装 5. 安排见习生 二、队列练习 齐步走及立定	1. 教师常规检查 2. 宣布课的内容 3. 组织队列练习 4. 评价小结	组织： ×××××× ×××××× ×××××× ×××××× △ 1. 学生集合站队，班长报告人数 2. 向老师问好 3. 进行队列练习 要求：精神饱满	2~4	1分钟 2分钟

环节	时间	教学内容	教师活动	学生活动	次数	时间
准备部分	约7分钟	一、行进间热身操 1. 上肢运动 2. 扩胸运动 3. 振臂运动 4. 体转运动 5. 踢腿运动 6. 后踢腿跑 7. 击脚外侧 8. 腹背运动 9. 整理运动	1. 教师讲解示范行进间热身操的动作方法并提出练习要求 2. 组织学生分组练习	组织： 1. 学生一三组向右转，二四组向左转分别带开进出练习场地 2. 观看教师示范 3. 按要求做行进间热身操 要求：动作规范、活动充分、口号洪亮	4×8	4分钟
		二、辅助练习 熟悉球性	3. 组织学生熟悉球性练习 4. 评价小结	4. 在指定区域，熟悉球性练习。 要求：积极认真		3分钟
基本部分	约26分钟	一、原地向前顶球： 动作要点： 正对来球颈放松，上体后仰快前摆，注视来球前额顶，足球顶地快又准 1 2	1. 引导学生自由体验原地头顶球动作 2. 教师示范原地前额正面顶球动作技术，引导学生观察"顶球前的预备姿势及用哪个部位顶球"	组织： ×××××× ×××××× ×××××× ×××××× △ 1. 学生自由体验原地头顶球动作 要求：积极体验练习 2. 学生观察并回答问题（上体后仰前摆；前额正面触球）	6~8 1	2分钟 1分钟

环节	时间	教学内容	教师活动	学生活动	次数	时间
基本部分	约26分钟	 **3** 重点：前额正面触球 难点：上体后仰前摆	3. 组织学生无球模仿练习，体会动作要领 4. 组织学生分组顶固定球练习，体会前额正面触球 5. 组织学生自抛自顶练习 6. 组织学生2人1组，互抛互顶练习 7. 找动作标准的学生示范 8. 组织学生巩固练习 9. 教师评价小结，指出努力方向	3. 学生无球模仿练习 要求：认真模仿 动作正确 4. 学生2人1组，1人双手举球，另1人顶固定球练习（互换） 要求：上体后仰、迅速前摆、前额正面触球 5. 学生自抛自顶练习 要求：体会动作方法 6. 学生2人1组，近距离互抛互顶练习 要求：体会顶球时机 7. 学生示范，其他学生观察评价 要求：示范动作正确；指出示范同学哪做的好并向其学习 8. 学生2人1组，互抛互顶练习 要求：动作正确，用力协调、自然，注意安全 9. 学生听讲 练习： 	6~8 8~6 5~6 8~10 6~8 1~2 6~8	2分钟 2分钟 2分钟 3分钟 1分钟 3分钟

环节	时间	教学内容	教师活动	学生活动	次数	时间
基本部分	约26分钟	二、足球游戏："头顶球比多" 游戏方法：将学生分成人数相等的若干组，每组由1人开始做头部颠球，其他人计数，1人做完后换另1人进行，直至每人做1次为止。累计每组个人顶球次数，次数多者为胜 游戏规则： 1. 必须用原地头顶球技术来颠球 2. 诚实守信，公平竞争	1. 教师讲解游戏方法及规则 2. 组织学生体验游戏 3. 组织学生进行游戏竞赛 4. 组织学生交流，教师小结	1. 认真听讲，明确游戏方法及规则 2. 分组尝试游戏 3. 分组比赛 要求：遵守规则，注意安全 4. 交流体会	1 1 2~3	1分钟 2分钟 6分钟
结束部分	约4分钟	一、放松活动 拉伸放松：单膝跪拉、分腿做压腿、屈膝坐压腿 二、课堂小结 三、布置收还器材 四、宣布下课	1. 带领学生进行韧带拉伸放松 2. 课堂小结 3. 布置收还器材 4. 宣布下课	组织： ×××××× ×××××× ×××××× ×××××× △ 1. 学生韧带拉伸放松练习 2. 学生听讲 3. 帮助教师收还器材 4. 学生下课	2	3分钟 1分钟

环节	时间	教学内容	教师活动	学生活动	次数	时间
场地器材		1. 小足球 21 个 2. 标志桶 12 个 3. 足球场 1 块 4. 哨子 1 个	心率曲线预计			
			密度预计	30%～35%　运动负荷预计　125～130 次/分		
课后反思						

5. 高年级单元教学计划示例（表 1-16）

表 1-16　高年级　踢墙式"二过一"　单元计划　4 课时

教学内容	踢墙式"二过一"
教学目标	1. 初步学习踢墙式"二过一"战术，使学生了解踢墙式"二过一"的方法和特点，能在比赛中初步应用踢墙式"二过一"的战术 2. 采用多样的练习、游戏、比赛等方法，使学生初步掌握踢墙式"二过一"的战术；发展学生下肢力量，提高身体协调性 3. 提高学生合作意识，培养会与他人合作的良好社会适应能力

教学内容	踢墙式"二过一"		
教学策略	1. 教师讲解、示范踢墙式"二过一"战术 2. 进行踢墙式"二过一"突破标志桶练习 3. 踢墙式"二过一"突破消极防守人练习 4. 踢墙式"二过一"突破积极防守人练习 5. 在比赛(实战)中运用踢墙式"二过一"的练习		
课次	教学目标和要求	重难点	教法措施
1	初步学习踢墙式"二过一"战术,使90%的学生能够了解踢墙式"二过一"战术的概念和踢墙式"二过一"战术的简单配合方法;通过讲解示范、合作学习、游戏等方法使80%左右的学生初步掌握踢墙式"二过一"的传球时机和方向,发展学生的灵活性、协调性、奔跑能力和控制球的能力;提高学生对足球运动的兴趣,培养同伴之间团结、协作的团队精神 要求:把握好传球时机、方向	重点:传球时机、方向,传球后跑动到位 难点:传、插时机	1. 教师示范、讲解踢墙式"二过一"战术 2. 教师组织学生分组练习,初步体验踢墙式"二过一"战术 3. 教师集中纠正、点评练习情况 4. 讲解示范踢墙式"二过一"突破标志桶 5. 学生分组进行练习,教师个别指导、纠正 6. 讲解示范踢墙式二过一突破标志桶射门 7. 讲清练习要求,组织学生练习,强调射门采用脚法,射门区域 8. 展示评价
2	进一步学习踢墙式"二过一"战术,使90%的学生熟悉踢墙式"二过一"战术的概念和踢墙式"二过一"战术的简单配合方法;采用合作学习、分组学习等方式,使80%左右的学生能够基本掌握传球时机、方向,及传球后迅速启动、跑动到位;发展学生的灵活性、协调性、速度、奔跑能力和控制球的能力;培养学生果敢、自信的优良品质,增强学生协作、配合、相互帮助的集体主义精神 要求:传球后跑动到位	重点:传球时机、方向,传球后跑动到位 难点:传、插时机	1. 复习踢墙式"二过一"战术方法 2. 练习踢墙式"二过一"突破标志桶 3. 踢墙式"二过一"突破消极防守人练习 4. 组织学生展示 5. 踢墙式"二过一"突破积极防守人练习 6. 教师评价小结

续表

课次	教学目标和要求	重难点	教法措施
3	继续学习踢墙式"二过一"，使85%左右学生能基本把握穿插时机；采用合作学习、游戏的方式，使学生能初步在比赛中应用踢墙式"二过一"战术，增强学生的下肢力量、灵敏、速度、协调等素质；培养学生团队意识，体验在攻守对抗中运用踢墙式"二过一"突破的成功与喜悦感 要求：较好的掌握传、插时机	重点：传、插时机 难点：在比赛中的合理运用	1. 讲解踢墙式"二过一"战术要领及练习中的问题 2. 组织学生练习踢墙式"二过一"突破消极防守人 3. 组织学生练习踢墙式"二过一"突破积极防守人 4. 组织学生展示 5. 组织单纯进攻与防守的教学比赛，分为两组，一组只防守，另一组用踢墙式"二过一"进攻、射门 6. 教师评价小结
4	进一步巩固踢墙式"二过一"战术，使85%左右学生能初步在比赛中合理应用踢墙式"二过一"；采用合作学习、教学比赛等形式，提高踢墙式"二过一"的战术应用水平，发展学生的下肢力量、速度、灵敏、协调等素质；培养合作意识和沉着、冷静的良好心理素质，体验在攻守对抗中运用踢墙式"二过一"突破的成功与喜悦感 要求：在比赛中较合理地应用踢墙式"二过一"战术	重点：在比赛中合理应用 难点：战术配合成功率高	1. 复习踢墙式"二过一"战术要领 2. 组织学生分组练习踢墙式"二过一"突破积极防守人练习 3. 讲解教学比赛的方法、规则 4. 组织教学比赛，积极应用踢墙式"二过一"战术 5. 组织学生展示 6. 教师小结

6. 高年级教案示例（表1-17）

表1-17 高年级 踢墙式二过一 第一次课

授课人：　　　　　　　　　　　　　　　　　　　　　　　　　授课日期：

教学内容	1. 踢墙式"二过一" 2. 游戏：足球接力跑
教学目标	初步学习踢墙式"二过一"战术，使90%的学生能够了解踢墙式"二过一"战术的概念和踢墙式"二过一"战术的简单配合方法；通过讲解示范、合作学习、游戏等方法使80%左右的学生初步掌握踢墙式"二过一"的传球时机和方向，发展学生的灵活性、协调性、奔跑能力和控制球的能力；提高学生对足球运动的兴趣，培养同伴之间团结、协作的团队精神

教学内容	1. 踢墙式"二过一" 2. 游戏：足球接力跑				
重点 难点	重点：传球时机、方向，传球后跑动到位 难点：传、插时机			运 动 量	
教学过程					
环节	时间	教学内容	教师活动	学生活动	次数	时间

环节	时间	教学内容	教师活动	学生活动	次数	时间
开始部分	约3分钟	一、课堂常规 1. 班长整队，报告人数 2. 师生问好 3. 宣布课的任务、要求 4. 检查服装，安排见习生 二、队列练习 1. 反口令练习 2. 四列横队变两列横队	1. 听班长报告 2. 师生互相问好 3. 宣布课的内容，提出要求 4. 检查着装，安排见习生 提出要求，指导练习	组织： ×××××× ×××××× ×××××× ×××××× △ 1. 学生集合站队，班长报告人数 2. 向老师问好 3. 学生听讲 集体练习 要求：精神饱满，队列整齐	1 2 ～ 3	1 分钟 2 分钟
准备部分	约7分钟	一、行进间足球操 1. 扩胸运动 2. 振臂运动 3. 体转运动 4. 提膝运动 5. 踢腿运动 6. 上下击掌 二、专项准备活动 1. 荡球 2. 传接球	1. 教师重点动作做出提示 2. 组织学生练习 1. 教师讲解要求 2. 带领学生进行练习	U型区成4路纵队 1. 听清教师口令做练习 2. 动作一致，精神饱满 3. 学生按要求积极参与练习 要求：动作协调、有力、活动充分、注意安全	2	3 分钟 4 分钟

续表

环节	时间	教学内容	教师活动	学生活动	次数	时间
基本部分	约26分钟	一、踢墙式"二过一"战术配合 动作要领： 将球传到同伴脚下（传球方向），球如碰到墙上立即弹向防守者背后的空位，传球者传球后立即插入防守队员背后接球（跑动方向） 重点：传球时机、方向，传球后跑动到位 难点：传、插时机	1. 教师示范讲解踢墙式"二过一"战术 2. 教师组织练习、个别指导 3. 教师集中纠正、点评练习情况 4. 讲解示范踢墙式"二过一"突破标志桶 5. 教师组织学生分组练习突破标志桶，个别指导、纠正 6. 讲解示范踢墙式"二过一"突破标志桶射门 7. 讲清练习要求，组织学生练习，强调射门采用脚法，射门区域 8. 展示评价	1. 看清教师示范，听清练习的要求 2. 分组进行模仿练习，体验踢墙式"二过一" 3. 学生示范、自评、互评、师评 要求：认真看示范、观察教师传球时机、方向、力量及传球后迅速启动、插入防守队员背后接球 4. 看清教师示范，听清练习的要求 5. 分组进行练习 要求：运球逼近标志桶，传球时机、角度、方向准确、力量适当 6. 认真观察学习 7. 分组练习 要求：传球后迅速启动，插入防守队员背后接球，并将球控好，完成射门 8. 分组展示	1 3 ~ 4 1 ~ 2 5 ~ 6	1分钟 3分钟 1分钟 7分钟 7分钟

续表

环节	时间	教学内容	教师活动	学生活动	次数	时间
基本部分	约26分钟	二、游戏：足球接力跑 规则： 分成4组，每组1球，游戏开始，每组第一人在规定的场地内运球，当前面一个同学运球回来并把球传给后一名同学，后一名同学再继续，以此类推，用时最短的小组获得胜利	1. 讲解规则方法并示范 2. 组织学生进行游戏 3. 小结：鼓励表扬，调动积极性	×　×　×　× ×　×　×　× ×　×　×　× ×　×　×　× 1. 学生认真听讲、观察 2. 分组进行游戏 3. 体验成功 要求：按照游戏规则进行比赛，不打闹，注意安全	12~31	7分钟
结束部分	约4分钟	一、放松活动 拉伸放松：单膝跪拉、分腿做压腿、屈膝坐压腿 二、课堂小结 三、布置收还器材 四、宣布下课	1. 带领学生进行柔韧拉伸 2. 课堂小结 3. 布置收还器材 4. 宣布下课	××××××× ××××××× ××××××× ××××××× △ 1. 学生模仿老师动作放松练习 2. 学生听讲 3. 帮助教师收还器材 4. 学生下课		3分钟 1分钟
场地器材		1录音机1台、足球25个、小标志桶9个、标志盘40个、背心12件、小足球门8个	心率曲线预计			
			密度预计	30%~35%	运动负荷预计	125~130次/分
课后反思						

第二篇 低年级部分（一至二年级）

第一单元 足球理论知识

本单元共计4课时，分别为认识足球、足球运动的益处、参加足球运动的注意事项和足球文化这4次足球理论知识课。一、二年级学生多数刚接触足球，首先要以培养学生足球兴趣为出发点，同时通过足球理论知识的学习使学生了解足球运动。本单元重点教学是认识足球。

一、认识足球

【教学目标】

1. 认识足球。

2. 知道身体的哪些部位可以触球，哪些部位不可以触球。

【内容提示】

介绍足球

1. 足球的部位一般分为顶部、中上部、中部、中下部和底部。（表2－1－1）

2. 踢球时，足球的部位一般分为前部、侧前部、后部、侧后部、内侧和外侧。（表2－1－2）

3. 脚触球的部位有脚内侧、脚背内侧、脚背正面、脚背外侧、脚尖和脚后跟。（表2－1－3）

4. 身体触球的部位有头、肩、胸、大腿、小腿，肩以下的臂部和手是不可以主动触球的。

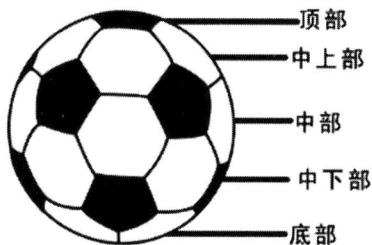

顶部
中上部
中部
中下部
底部

表2－1－1

5. 足球是以脚支配球为主,但也可以使用头、胸部等部位控球,除守门员外,其他队员不得用手或臂触球。

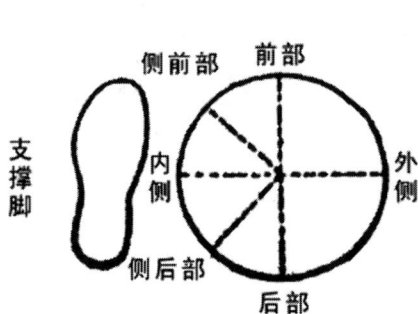

表2-1-2

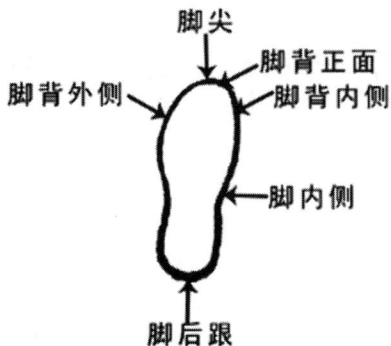

表2-1-3

二、足球运动的益处

【教学目标】

通过讨论,总结参加足球运动不仅能提高学生的身体素质,还可以培养学生良好的意志品质。

【内容提示】

1. 参加足球运动,可以培养和锻炼学生勇敢顽强、勇于克服困难、机智勇敢的优良品质,培养学生集体意识、团结协作的精神。

2. 有利于增强体质、促进身体和心理健康。足球运动是全面锻炼和健全体魄的良好手段,是全民健身活动中一项行之有效的体育运动项目。经常从事足球运动,可以提高学生的力量、速度、灵敏性、耐力、柔韧性等身体素质。

3. 双方激烈的比赛,可以提高参赛者的注意力、观察力、想象力和思维能力,改善心理素质,提高心理健康水平。

4. 思维会更敏捷,判断能力会更准确,视野会更开阔,意志会更顽强。对社会环境的适应能力和竞争能力等整体综合素质能得到发展和提高。

5. 提高消化系统的功能。足球锻炼会增强体内营养物质的消耗,使整个机体的代谢增强,从而提高食欲;另外,还会促进胃肠蠕动和消化液分泌,改善肝脏和胰腺的功能,从而使整个消化系统的功能得到提高,为学生的健康提供良好的物质保证。

6. 控制体重与改变体形。足球运动能减少脂肪,增强肌肉力量,保持关节柔韧,故可控制体重,改善体形和外表。

7. 有利于振奋民族精神。在重大国际足球比赛中，能激发全国人民团结拼搏、进取向上的精神和爱国主义热情。

三、参加足球运动的注意事项

【教学目标】

通过谈话和讨论，知道参加足球运动的注意事项。

【内容提示】

1. 做好 10 分钟的准备活动，可以先进行慢跑，活动踝关节、膝关节，让身体微微出汗，把关节、韧带都拉开，踝、膝、腕、髋这些所有运动中会用到的关节都要活动开。这样既有助于提高肌肉的紧张状态和关节的润滑，又可以防止运动损伤。

2. 足球运动由于跑动较多，技术动作幅度以及出汗量都较大，所以参加锻炼时应身着宽松合体、透气吸汗的运动服装，球鞋应选用合脚防滑的帆布面胶底的足球鞋。除了参加正式比赛外，平时锻炼不宜穿足球比赛用鞋（皮面钢钉），以防止对自己或他人造成不必要的损伤。

3. 尽量不要在场地设施不符合要求的地方进行锻炼。场地不平、碎石杂物多（跑道、沙坑），容易造成踝关节扭伤、骨膜损伤、跟腱拉伤等。

4. 及时补充水分，切忌饮用生水、冷水，运动后可以喝少量的运动饮料或淡盐开水。

5. 虽然足球运动是一项"全天候"的运动项目，但也要避免在恶劣的天气下进行锻炼。高温湿热时要注意防止中暑、抽筋或虚脱。低温潮湿时要注意保暖以防止冻伤。黄昏、黎明（尤其是雾天），因光线不足，能见度低，神经反应迟钝，兴奋性降低，极易发生损伤。雨天地滑也是引起损伤的重要原因。

6. 练习或比赛后不要立即洗澡。由于运动的时候身体新陈代谢过程加强，皮下血管扩张，并大量出汗。运动后马上洗冷水澡，使体内产生的大量热能不能很好地散发，形成内热外凉，破坏人体的平衡，这样容易生病。正确的方法是运动后休息一会儿（以脉搏恢复到接近正常数为准）再洗澡，最好洗温水澡。

四、足球文化

【教学目标】

1. 古代足球的萌芽与发展。
2. 现代足球的诞生。

3. 世界杯足球赛的来历。

【内容提示】

1. 古代足球的萌芽与发展

2004 年初，国际足联确认足球起源于中国，"蹴鞠"是有史料记载的最早足球活动。《战国策》和《史记》是最早记录蹴鞠的文献典籍，前者描述了 2 300 多年前的春秋时期，齐国都城临淄流行蹴鞠活动；后者则记载，蹴鞠是当时训练士兵、考察兵将体格的方式。因此，又可以说中国山东的淄博的临淄地区是古代足球的发源地。

2. 现代足球的诞生

现代足球运动发源于英国的剑桥大学。从 8 世纪到 19 世纪，现代足球运动的前身以各种方式在欧洲存在着，直到 1863 年 10 月 26 日英国成立了世界第一个足球协会，即英格兰足球协会。因此，人们公认 1863 年 10 月 26 日为现代足球的诞生日。

我国足球运动始于 20 世纪，1910 年在南京举办的旧中国第一届全国运动会上被列为正式比赛项目。1954 年开始全国足球联赛，1994 年起实行甲 A、甲 B 联赛，2004 年起实行中超、中甲足球联赛，1988 年第一次进入奥运会男足决赛圈，2002 年中国首次进入世界杯足球赛决赛圈。

3. 世界杯足球赛的来历

世界杯的来源是：1928 年奥运会结束后，FIFA 召开代表会议，一致通过决议，举办 4 年 1 次的世界足球锦标赛。这对于世界足球运动的进一步发展和提高起到了积极推动作用。最初这个新的足球大赛称为"世界足球锦标赛"。1956 年，FIFA 在卢森堡召开的会议上，决定易名为"雷米特杯赛"。这是为表彰前国际足联主席法国人雷米特，为足球运动所做出的成就。雷米特担任国际足联主席 33 年（1921—1954 年），是世界足球锦标赛的发起者和组织者。后来，有人建议将 2 个名字联起来，称为"世界足球锦标赛——雷米特杯"。于是，在赫尔辛基会议上决定更名为"世界足球锦标赛——雷米特杯"，简称"世界杯"。

第二单元　熟悉球性

熟悉球性是足球基本技术的基础，是学生体验足球的开始，通过颠球及各种球性的组合练习，使学生逐步建立球感，熟悉球性并从中体验足球带来的乐趣，打好足球入门基础。本单元重点教学是脚背正面颠球、大腿颠球。

一、脚背正面颠球

【教学目标】

1. 初步学习脚背正面颠球动作，使学生了解颠球的动作方法，体验脚背正面击球底部，逐步体会使球颠起时的肌肉感觉。

2. 采用游戏法与直观教学法进行教学，使学生初步形成脚背正面颠球技术动作，发展学生灵敏协调等身体素质，促进儿童正常的生长发育。

3. 提高学生对脚背正面颠球的兴趣，感受来自于脚背正面颠球游戏活动的乐趣，享受获得成功的喜悦，培养学生集体意识以及团结协作的精神品质。

【动作方法】

支撑脚的膝关节微屈，身体稍前倾，重心移到支撑脚上。当球落至膝关节（离地面约20厘米）以下时，颠球腿的膝、踝关节适当放松，脚尖稍跷起，大腿上抬，同时向前上方摆动小腿，用脚背正面击球的底部，将球向上颠起。（图2-2-1）

图2-2-1

【动作要点】

膝关节微屈移重心，膝踝柔和甩小腿，脚尖微跷脚背击，球击底部向上颠。

【教学重难点】

1. 教学重点：脚触球的部位。
2. 教学难点：脚颠球的时机。

【教学建议】

1. 颠球是熟悉球性的练习方式之一，是体验球感的基本活动，是学习足球运动的基础性练习。学生通过颠球练习熟悉球性，逐步体会肌肉感觉。

2. 可从认识相关的身体部位来导入教学。例如，教师指着自己的膝关节、小腿、脚背、脚内侧、脚外侧等部位，请学生说出相关部位的名称，然后让学生明确颠球时的触球部位。

3. 结合课的准备活动，进行踢毽子或沙包的练习。

4. 在个人自主体验原地持绳颠球的基础上，可2人1组，1人持用绳系住的球数数，1人练习颠球；也可以自抛自颠，1个1个地开始，逐步提高，相互观察，相互交流，相互评价。

5. 最好每人一球，如球少时可采用分组循环练习。

6. 30 秒计时，自颠自数，然后说出自己的成绩。

7. 小组站成圆形，进行颠球比多的游戏，看谁连续颠球次数最多。

8. 在原地持绳颠球的基础上，进行前、后、左、右移动颠球或进行直接颠无绳球游戏比赛。

9. 因为颠球是培养学生球性的重要手段，因此建议在小学阶段应反复不停地练习。

10. 建议在后续课的准备活动中，加入5~7分钟的颠球游戏比赛。

【易犯错误及纠正】

1. 脚击球时踝关节松弛，造成用力不稳定。

纠正方法：适当保持踝关节紧张，击球的下中部，以膝关节为轴屈伸小腿。

2. 击球时脚尖向下或向上勾，造成球受力后向前或向后触碰身体，使球难以控制。

纠正方法：要求脚背与地面平行，脚尖微跷，初学者可采用颠一次让球落地反弹后再颠。体会触球时与球磨擦使球带有回旋。逐步过渡到连续颠球练习。

3. 颠球时身体其他部位不够放松，以至于动作僵硬。

纠正方法：学生进行随意颠球，教师讲解注意事项，通过示范让学生理解身体处于放松状态时颠球的数量最多。

【注意事项】

1. 场地布置科学合理，尽量避免相互影响。

2. 变换多种颠球比赛形式提高学生练习兴趣，如计数比、计时比、合作比等。

3. 颠球练习可以结合各个部位的颠球一起练习，避免枯燥乏味。

【巩固与拓展】

足球游戏

［游戏名称］"我是颠球小明星"。（图2－2－2）

［游戏目的］

1. 初步掌握脚背颠球动作的基本方法，提高脚对球的"驯服"能力，发展学生身体的协调素质以及对空间的感知能力。

2. 培养学生团结合作，在游戏中不怕困难、拼搏进取的足球精神。

［游戏方法］

将学生分成人数相等的4队，发令后各队第一人跑入规定的圆圈内进行脚背正面颠球10次，而后跑回将球传给本组的第二名队员。依次进行，最后速度快的队获胜。

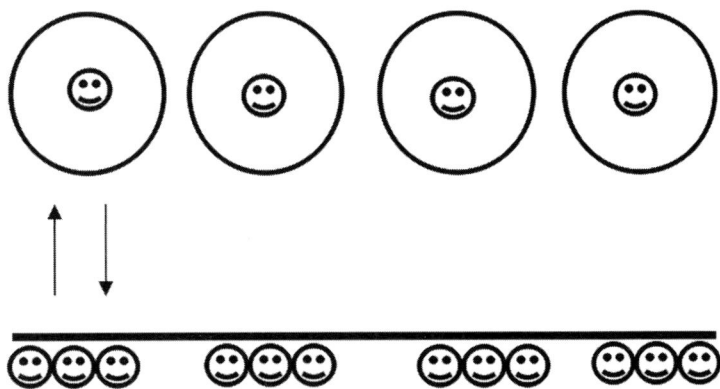

图2－2－2

［游戏规则］

1. 必须在规定圆圈内以脚背正面颠球，其他部位颠球不计数，圈外颠球不计数。

2. 各队用1球进行比赛，前一个队员跑回时必须将球传到下一个队员手中，下一个队员方可跑出。

3. 比赛时要对应本队场地进行，不能干扰其他队比赛。

技能拓展

脚上的颠球动作除了脚背正面颠球之外，还有脚内侧颠球和脚外侧颠球，并且在教学时要注意兼顾左右脚，左右脚的颠球技术都应向学生介绍，使学生对脚的颠球动作有一个全面的认识和了解。

［拓展内容］

1. 脚内侧颠球。支撑腿膝关节微屈，身体重心移至支撑脚上。当球下落到膝关节高度时，颠球脚屈膝盘腿，脚内侧向上摆脚内翻击球的底部，将球向上颠起。（图2－2－3）

图 2 - 2 - 3

2. 脚外侧颠球。支撑腿膝关节微屈，身体重心移至支撑脚上。当球下落到膝关节高度时，颠球脚屈膝外摆腿，脚外侧向上摆脚击球的底部，将球向上颠起。（图 2 - 2 - 4）

图 2 - 2 - 4

[练习方法]

1. 复习脚背正面颠球的熟悉球性技术动作。

2. 启发学生体验脚的其他颠球技术（脚内侧颠球、脚外侧颠球）。

3. 无球模仿脚内侧颠球、脚外侧颠球，体会 2 种颠球的动作方法。

4. 利用固定球进行脚内侧颠球、脚外侧颠球练习，体会两种颠球的动作方法。

5. 手抛球进行脚内侧颠球、脚外侧颠球的练习。

6. 尝试进行连续的脚内侧颠球、脚外侧颠球的练习。

7. 启发学生左右脚交替练习脚内侧颠球和脚外侧颠球。

【评价要点】

1. 必须全身放松，避免脚僵硬。

2. 颠球的时候击球部位正确。

3. 颠的球最好不要高于膝盖，用力要适当。

4. 颠球时学生注意力集中，能够积极进行颠球练习。

5. 游戏时学生能够相互鼓励，关心集体。

二、大腿颠球

【教学目标】

1. 初步学习大腿颠球动作，使学生了解大腿颠球的动作方法，体验大腿的中前部击球底部，逐步体会大腿使球颠起时的肌肉感觉。

2. 采用游戏法与直观教学法进行教学，使学生初步形成大腿颠球技术动作，发展灵敏协调等身体素质，促进儿童正常的生长发育。

3. 培养学生对大腿颠球的兴趣，感受来自于大腿颠球游戏活动的乐趣，享受获得成功的喜悦，培养学生集体意识以及团结协作的精神品质。

【动作方法】

抬腿屈膝，用大腿的中前部位向上击球的下部，两腿可交替击球，也可一只脚做支撑，用另一侧的大腿连续击球。（图 2 - 2 - 5）

图 2 - 2 - 5

【动作要点】

以髋为轴膝抬平，大腿中前击球底，两腿也可交替击，将球连续颠起来。

【教学重难点】

1. 教学重点：大腿颠球的部位。

2. 教学难点：大腿颠球的时机。

【教学建议】

1. 教师直观示范，学生模仿练习，强调抛球的高度以及大腿颠球的高度。
2. 每人一球，自抛自颠。
3. 采用游戏比赛的形式，比一比谁颠球的数量最多，失误最少。
4. 进行 2 条腿交替颠球游戏比赛。

【易犯错误及纠正】

1. 颠球部位不准确，不能连续颠球。

纠正方法：可采用手持球颠球，体会颠球的正确部位。

2. 颠球的时机不好，球不能很好地向上弹起。

纠正方法：可采用一个一个的自抛自颠，找到最适合自己大腿颠球的位置感。

【注意事项】

1. 场地布置科学合理，尽量避免相互影响。
2. 变换多种颠球比赛形式，提高学生练习兴趣，如计数比、计时比、合作比等。
3. 颠球练习可以结合多个部位的颠球一起练习，避免枯燥乏味。

【巩固与拓展】

足球游戏

[游戏名称]"我是颠球小明星"。(图 2 - 2 - 6)

[游戏目的]

1. 初步掌握大腿颠球动作的基本方法，提高大腿对球的"驯服"能力，发展学生身体的协调素质以及对空间的感知能力。

2. 培养学生团结合作、不怕困难、拼搏进取的足球精神。

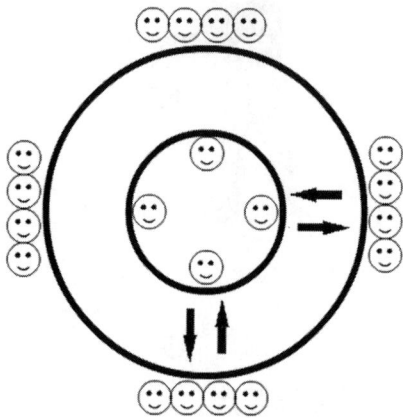

图 2 - 2 - 6

[游戏方法]

将学生分为 4 组，学生跑入规定的圆圈内进行大腿颠球 10 次，而后跑回将球传给本组的第二名队员。依次进行，最后速度快的队获胜。

[游戏规则]

1. 必须在规定圆圈内以大腿颠球，其他部位颠球不计数，圈外颠球不计数。

2. 各队用一球进行比赛，前一个队员跑回时必须将球传到下一个队员手中，下一个队员方可跑出。

3. 比赛时要对应本队场地进行，不能干扰其他队比赛。

技能拓展

身体的颠球动作除了正面大腿颠球之外，可以使用头、胸、双肩，在学习大腿颠球的基础上还应向学生介绍身体的其他部位颠球动作，使学生对身体的颠球动作有一个全面的认识和了解。

［游戏内容］

1. 头部颠球。两脚开立，膝盖微屈，用前额部位连续顶球的下部。击球时，两眼注视来球，两臂自然张开，维持身体平衡。（图2－2－7）

图2－2－7

2. 胸部颠球。两脚开立，膝关节微屈，上体稍后仰，用前胸部连续击球的下部，击球时，两眼注视来球，两臂自然张开，维持身体平衡。（图2－2－8）

图2－2－8

3. 双肩颠球。两脚开立，膝关节微屈，将球轻轻抛起，用肩关节连续击球的下部。击球时，两眼注视来球，两臂自然张开，维持身体平衡。（图2－9）

图 2 - 2 - 9

[练习方法]

1. 复习大腿颠球的熟悉球性技术动作。

2. 启发学生体验脚以外的其他颠球技术（头部颠球、胸部颠球、双肩颠球）。

3. 无球模仿头部、胸部、双肩颠球，体会 3 种颠球的动作方法。

4. 利用固定球进行头部、胸部、双肩颠球练习，体会 3 种颠球的动作方法。

5. 手抛球进行头部、胸部、双肩颠球的练习。

6. 尝试进行连续的头部、胸部、双肩颠球的练习。

7. 启发学生尝试各种部位的组合颠球练习。

【评价要点】

1. 颠球的正确部位。

2. 颠球的连续性。

3. 学生乐于参与颠球练习和游戏。在游戏中能为本组同学加油鼓励，面对失败不气馁。

第三单元　控　球

控球的目的是为了保护脚下的足球不被对方抢走。技术高超者可以在两三个人的围抢下保持不丢球，可以吸引对方的防守后把球分给更好位置的队友。本单元主要进行拉、拨、挑、扣、护球的教学。

一、拉、拨、挑、扣

【教学目标】

1. 初步学习足球拉、拨、挑、扣的控球动作，使学生了解脚触球的方式、部位和力量，建立球感、熟悉球性。

2. 采用直观教学法与游戏法相结合的教学方法，使学生初步感知足球，发展学生的灵敏、协调等身体素质。

3. 培养学生对足球的兴趣，并在游戏练习的过程中建立群体意识及团结协作的精神。

【动作方法】

拉 球

一脚支撑，另一脚前脚掌踩球原地左、右交替踩球。原地用两脚交替左、右转身拉球，运球过程中，突然踩球，拉球转身180度变向。（图2-3-1）

图2-3-1

拨 球

原地或行进间用两脚内侧在跨下连续拨球，右脚的内侧与外侧交替拨球。返回换左脚的内侧、外侧拨球绕圈。（图2-3-2）

挑 球

支撑脚踏在球的后侧方约30厘米处，膝关节微屈，身体重心移到支撑脚上，挑球脚的脚前掌踏在球的上方并向后轻拉。在球开始向后滚动的同时，脚尖、脚掌迅速着地。当球滚上脚背的同时，脚尖稍跷起向上挑起。（图2-3-3）

图 2 - 3 - 2

图 2 - 3 - 3

扣　球

原地左右脚连续交替进行扣球练习，在连续运动中，结合变向进行扣球练习。在直线运程中，进行突然转身扣球练习。（图 2 - 3 - 4）

图 2 - 3 - 4

【动作要点】

拉拨挑扣部位准，力量适中脚腕活，球变向时降重心，身体协调控好球。

【教学重难点】

1. 教学重点：触球的方式、部位及力量。
2. 教学难点：重心的转换与控制。

【教学建议】

1. 每个学生 1 个球，鼓励学生在区域内自由带球走动、躲闪，不和别的学生撞在一起。
2. 教师点评，讲解如何避免相撞，由此引出拉、拨、扣等技术动作。
3. 教师分解示范，提出要领，学生无球模仿。
4. 单个学生原地练习。
5. 单个学生行进间练习。
6. 在区域内小组学生进行行进间练习，教师应注意提醒学生注意观察场上情况。
7. 教师积极评价及指导，并选出优秀的学生进行展示。
8. 通过小组合作交流的方式，采用学生教学生等形式提高练习效率。
9. 比赛巩固动作。

【易犯错误及纠正】

1. 拉、拨、扣球时，重心过高，变向不明确，速度较慢。

纠正方法：学生原地进行分解练习，体会重心降低时对变向的有利因素。

2. 学生在行进间拉、拨、扣球时，不注意抬头观察场上情况。

纠正方法：学生在进行练习的过程中，教师可以拿 2 个不同颜色的旗子，代表不同的口令，让学生注意看旗子做动作。

【注意事项】

1. 场地布置科学合理，避免练习时相互影响。
2. 教学过程中，应关注学生个体差异，培养学生练习积极性。
3. 提醒学生练习时观察场地内情况，避免受伤害并养成观察场内变化的习惯。

【巩固与拓展】

足球游戏

[游戏名称]"护球宝宝行动"。（图 2 - 3 - 5）

［游戏目的］

1. 初步学习足球拉、拨、挑、扣基本熟悉球性动作，初步建立对足球的感性认识，发展学生的灵敏、协调等身体素质。

2. 培养学生与同伴团结合作意识、竞争意识。

［游戏方法］

将学生分为人数相同的 2 队，每人 1 球，在规定区域内运用所学的拉、拨、挑、扣技术在创设的情景中带"球宝宝"玩耍。规定时间内在保护自己"球宝宝"不丢的同时去抢对方队员的"球宝宝"，丢"球宝宝"的队员退出比赛区域，最后以"球宝宝"数量多的队获胜。

图 2 - 3 - 5

［游戏规则］

1. 必须在规定区域内带"球宝宝"玩耍，不能原地休息，违规者按"丢宝宝"队员处理。

2. 抢对方队员"球宝宝"时，要看准球，不能踢到对方队员的身体。

【评价要点】

1. 拉、拨、挑、扣动作自然。

2. 乐于参与练习并具有极高的兴趣。

3. 在游戏中自己能够做到积极努力并能和同学友好相处。

二、护 球

【教学目标】

1. 初步学习足球护球的动作和方法，使学生了解护球动作并且有意识用自己身体保护球。

2. 采用直观教学法与游戏法相结合的教学方法，使学生初步体会护球，建立对足球护球的感性认识，发展学生的反应、协调等身体素质。

3. 培养学生对足球护球的习惯，享受护球成功的体验，在游戏的过程中，培养学生勇敢、果断的品质。

【动作方法】

护球是为了防止对手抢到球而保持控制球的一种方法，是将自己的身体作为屏障，置于球与对手的中间，以达到保护球的目的。无论何时对手来抢球，都要养成保护球的习惯，特别是前锋队员，因为他们经常会处于对方多名防守队员的包夹之下，能够很好地保护住球，不仅有利于自己的突破，也可以为自己的队员传球，创造进攻机会。（图2 －3 －6）

图2 －3 －6

【动作要点】

自身为屏置中间，保持抬头观场况，果断护球好习惯，防止对手抢到球。

【教学建议】

1. 原地对抗护球训练

2 人1 组护球练习，其中1 人护球，另外1 人抢球。先练背向护球，随后重点练习侧身护球的方法。练习时，要求队员原地对抗与护球，不可运球跑，但是可以依据防守者的移动来调整球，尽量少移动球。该训练过程应当强调转身时的动作不能违背护球的基本原则，特别是不能缩短护球的距离。练习3 ~8 分钟后进行角色互换。

2. 综合性护球练习

为了进一步强化护球技术，教师与教练员应当设计不同的训练方案，以强化接球前护球、传球时护球、运球时护球与战术性护球的训练。以3 人以上的练习为主，其中至少是1 名防守队员进行紧逼抢球，1 人护球，1 人进行接应；逐步发展为多人抢球、多人接应的训练。护球时，要求控球队员边护球边观察接应队员的位置、距离与方向，准备行动策略（传还是运等）。当然，接应队员需要寻找合理的位置进行接应。对于传、接、运状态下的护球，必须安排防守队员进行对抗抢球，让训练尽可能地接近真实的比赛环境。

【易犯错误及纠正】

护球时的站位、卡位不合理，不能完全将球护住。

纠正方法：原地无球练习卡位，让学生明白如何合理地运用身体进行站位。

【巩固与拓展】

足球游戏

［游戏名称］"护球行动"。（图2－3－7）

［游戏目的］

1. 初步学习足球护球动作，养成时刻护球习惯，提高学生的反应、协调能力。

2. 培养学生合作意识及勇于竞争、敢于拼搏的精神。

［游戏方法］

将学生分为人数相同的两队，分别为抢球队和护球队。在规定区域内护球队运用所学的拉、拨、挑、扣等技术在创设的情景中带球玩耍并且时刻保护球，抢球队想尽办法将球抢到自己脚下。在规定时间内两队互换角色继续游戏。最后在规定时间内护球数最多为获胜队。

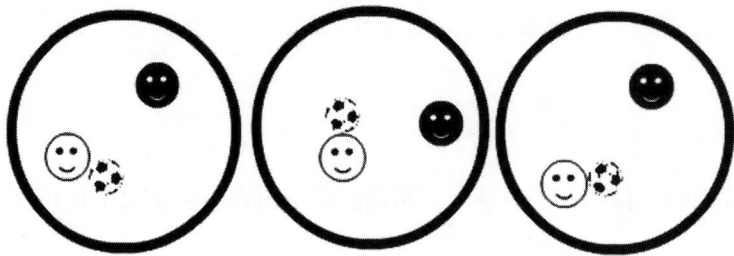

图2－3－7

［游戏规则］

1. 护球队员必须在规定区域内带球玩耍，不能原地休息。

2. 抢对方球时要看准球，不能推、拉护球队员。

【评价要点】

1. 学生护球的能力，处理球的应变措施。

2. 护球后的观察以及正确的处理球方式。

3. 护球积极果断，能够与同学相互帮助，很好地配合。

第四单元　运　　球

运球是运动员在跑动中，用脚或身体的其他有效部位不断地推触球，使球始终处于自己控制范围之内的触球动作。在攻守的对抗中，运用运球可以变换进攻速度和调节比赛节奏，在对方紧逼和密集防守的情况下，运用运球可以摆脱对手的阻截和争抢或诱使对手离开防守位置而暴露空当，为传球或射门创造有利时机。所以，熟练地掌握运球技术对提高个人作战能力和完成全队配合具有十分重要的意义。本单元主要进行脚背正面运球、脚内侧运球、脚背外侧运球的教学。

一、脚背正面运球

【教学目标】

1. 初步学习脚背正面运球，使学生了解脚背正面运球的动作方法，体验脚背正面运球的技术动作。

2. 采用游戏法与直观练习法相结合的教学方法，使学生初步建立脚背正面运直线球的肌肉感觉。发展学生基本活动能力以及速度、灵敏等身体素质。

3. 培养学生合作与竞争意识，提高社会适应能力。

【动作方法】

跑动时，身体自然放松，上体稍前倾，两臂自然摆动，步幅不宜过大。运球脚提起时，膝关节弯曲，脚跟提起，脚尖下指，在前伸脚着地前，用脚背正面向前推拨球前进。（图 2 - 4 - 1）

【动作要点】

跑动放松稍前倾，步幅适中自然摆，脚背正面推拨球，随球跟进向前行。

【教学重难点】

1. 教学重点：推拨球的方法。
2. 教学难点：身体与球的合理距离。

【教学建议】

1. 教师完整示范，使学生建立完整的动作概念。

图2-4-1

2. 教师分步进行示范并详细讲解，重点强调全身动作协调，脚尖下指与球的接触部位，强调蹬、摆、推、拨。

3. 学生做无球的跑动模仿练习。注意全身协调放松，重心降低。

4. 学生每人1球运球。运球前仔细回忆脚背正面运球重点。

5. 学生进行脚背正面运球技术练习。

6. 强调运球时尽量抬头，扩大视野。

7. 教师集体、个别指导，及时纠正错误动作。

8. 教师适时安排正确动作示范，使学生对正确动作加深理解。

9. 在规定场地内听哨声做"我是守交规的小司机"的脚背正面运球游戏。

10. 教师安排学生自我总结，体会动作要领，总结规律。

【易犯错误及纠正】

1. 运球时，不是推拨球，而是捅球，球离身体过远，失去控制。

纠正方法：多做原地运球练习，体会脚与球接触的感觉。

2. 支撑脚离球过远，身体后仰；触球后，身体重心不能随球前移。

纠正方法：反复做无球跑动练习，提醒自己重心降低。

【注意事项】

1. 场地布置科学合理，避免相互影响。

2. 水平一阶段，要求学生初步学习脚背正面运球技术，运球速度可稍慢。

3. 用形式多样的教学方法提高学生的学习兴趣。

【巩固与拓展】

足球游戏

[游戏名称]"运球接力"。（图2-4-2）

[游戏目的]

1. 初步掌握脚背正面运球的技术动作，使学生体验运直线球的肌肉感觉，发展学生速度、灵敏等身体素质。

2. 培养学生团结协作、拼搏进取的精神品质。

[游戏方法]

将学生分成人数相等的4队，站在线后。当听到游戏开始的口令后，各队第一名同学用脚背正面运球的方法，将足球运到标志线并将足球踢入小足球门，然后将踢出的球捡起跑回本队，将球传给下一位同学。下一位同学出发依次进行，以先完成的队获胜。

图2－4－2

[游戏规则]

1. 听到游戏开始的口令后方可出发，不能抢跑。

2. 必须用脚背正面运球的方法游戏。

3. 拿到球后方可出发，需在标志线后完成射门动作。

【评价要点】

1. 基本能够用脚背正面运球，上下肢基本协调。

2. 乐于参与学习，对足球脚背正面学习兴趣浓厚。

3. 与同伴友好相处，有相互帮助的合作意识。

二、脚内侧运球

【教学目标】

1. 初步学习脚内侧运球，使学生初步了解脚内侧运球的动作方法，体验脚内侧运球技术动作。

2. 采用游戏法和直观诱导法学习脚内侧运球，使学生初步形成脚内侧运球技术，发展学生下肢力量，提高身体的灵敏素质和上下肢协调配合的能力。

3. 培养学生对足球的喜爱程度以及团结协作、勇于拼搏的精神品质。

【动作方法】

运球时，支撑脚稍向前跨，踏在球的前侧方，膝关节稍弯曲，上体前倾并向里转。随着身体的向前移动，运球脚提起，用脚内侧推球的后中部。（图 2 - 4 - 3）

图 2 - 4 - 3

【动作要点】

支撑脚跨于球侧前方立，膝关节稍屈，上体向里转，运球脚内侧推球后中部，变向换脚，踢球时机掌握好。

【教学重难点】

1. 教学重点：触球部位。
2. 教学难点：身体与球的合适距离。

【教学建议】

1. 教师示范完整动作，使学生建立完整的动作概念。

2. 教师分步进行示范讲解。支撑脚前跨在球侧前方—弯膝—上体前倾里转—提脚—脚内侧推球后中部。

3. 强调脚内侧运球与其他 3 种运球技术要领的不同，重点是支撑脚的站位。

4. 各种熟悉球性游戏比赛，如颠球、拨球、拉球、扣球等。

5. 学生做无球模仿练习。

6. 学生练习脚内侧运球技术。

7. 强调由于脚内侧运球常用于护球，所以学生必须与其他控球技术结合使用，抬头用身体掩护住球。

8. 随时纠正、总结。

9. 适时安排学生示范动作，学生自己分析存在的问题。

【易犯错误及纠正】

1. 只顾低头看球，而不能随时观察场上情况，以致不能及时传球或射门。

纠正方法：练习时前面设定目标，学生要提醒自己注意观察目标的变化。

2. 运球时，不是推拨球，而是踢球，以致球离身体过远而失去控制。

纠正方法：练习原地脚内侧推拨球，体会脚内侧与球接触的感觉。

【注意事项】

1. 场地布置科学合理，避免相互影响。

2. 练习技术时要结合游戏比赛进行教学。

【巩固与拓展】

足球游戏

[游戏名称]"运球回家"。（图 2 - 4 - 4）

[游戏目的]

1. 初步掌握脚内侧运球的基本方法，培养学生脚内侧运球的兴趣和能力，发展学生身体的灵敏、协调等素质。

2. 培养学生与同伴相互交流、相互合作的社会交往能力，养成敢于拼搏、正确面对失败的良好心理品质。

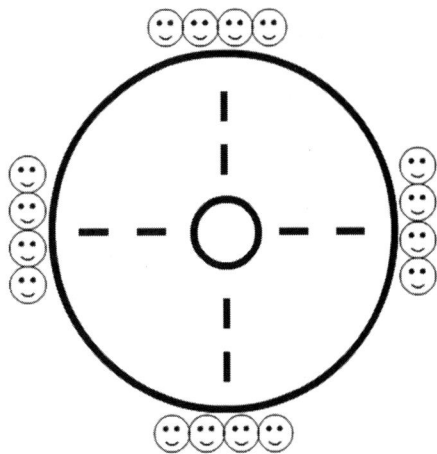

图 2 - 4 - 4

[游戏方法]

将学生分成人数相等的4队，分别站在距家"圆心"相等的圆外。当听到游戏开始的口令后，各队第一名队员运球（不规定运球方法）同时向"家"出发，途中遇到标志杆必须用脚内侧运球的方法绕杆1圈，然后继续前进。到"家"后将球放入家中直线跑回击第二名队员的手，第二名队员带球出发。以此类推，以先完成的队获胜。

[游戏规则]

1. 不能抢跑违规，返回后必须拍手交接后方可以出发。

2. 遇到标志杆要用脚内侧传球的方法绕1圈，才可以再前进。

3. 游戏中注意安全，如果途中球被运丢，要在不影响他人的情况下捡回，在丢球地点继续游戏。

【评价要点】

1. 学生脚内侧运球动作基本正确，上下肢能够协调配合。

2. 学生有学习脚内侧运球的兴趣，积极参与练习。

3. 在学习中能够与同学友好相处，相互帮助。

三、脚背外侧运球

【教学目标】

1. 初步学习脚背外侧运球，使学生了解脚背外侧运球的动作方法，体验脚背外侧运球的技术动作。

2. 采用游戏法与直观练习法相结合的教学方法，使学生初步建立脚背外侧运直线球的肌肉感觉。发展学生基本活动能力以及速度、灵敏等身体素质。

3. 培养学生合作与竞争意识，提高社会适应能力。

【动作方法】

跑动时身体自然放松，上体稍前倾，两臂自然摆动，步幅要小些。运球脚提起时，膝关节弯曲，脚跟提起，脚尖稍内转，在迈步前伸脚着地前，用脚背外侧向前推拨球，球直线运行。向前侧推拨球，球曲线或弧线运行。（图2-4-5）

【动作要点】

跑动放松稍前倾，步幅稍小自然摆，脚背外侧推拨球，随球跟进向前行。

【教学重难点】

1. 教学重点：推拨球的方法。

图 2 - 4 - 5

2. 教学难点：身体与球的合理距离。

【教学建议】

1. 教师完整示范，使学生建立完整动作概念。

2. 教师分步示范并讲解。强调与脚背正面不同，脚尖内转，使学生能够回忆起脚背正面运球要领。

3. 学生做无球模仿练习。强调全身动作协调，按动作要领，脚背外侧运球重心下降。

4. 学生做脚背外侧运球练习。

5. 强调全身协调用力，重心下降。

6. 强调运球时，应抬头注意观察四周，养成良好的习惯。

7. 教师集体、个别指导，及时纠正错误动作。

8. 强调脚外侧直线运球时，脚尖应向下压，脚内扣；用脚外侧向侧方或绕圈运球时，脚尖应向上翘。

9. 学生做游戏巩固技术动作。

【易犯错误及纠正】

1. 运球时，膝关节没弯曲，推球力量大，球离身体过远，失去控制。

纠正方法：按动作要领做无球模仿练习。原地做用脚背外侧将球推拨出后，用脚底拉回，再推拨出去，反复练习。

2. 脚尖不内转，触球部位不正确，控制不好运球方向。

纠正方法：做二人脚背外侧踢地滚球练习。

3. 身体重心过高或臀部后坐，身体重心不能随球前移。

纠正方法：做一步一触球练习。

【注意事项】

1. 场地布置科学合理，避免相互影响。

2. 水平一阶段，要求学生初步学习脚背外侧运球技术，运球速度可稍慢。

3. 用形式多样的教学方法提高学生的学习兴趣。

【巩固与拓展】

足球游戏

[游戏名称]"运送西瓜"。(图2－4－6)

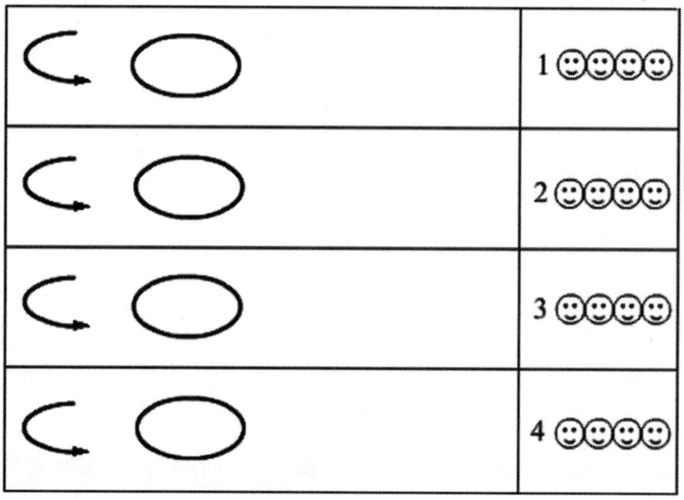

图2－4－6

[游戏目的]

1. 初步掌握脚背侧面运球的技术动作，使学生体验运直线球的肌肉感觉，发展学生速度、灵敏等身体素质。

2. 培养学生团结协作、拼搏进取的精神品质。

[游戏方法]

将学生分成人数相等的4队，站在线后。当听到游戏开始的口令后，各队第一名同学用任意一种运球方法，将"西瓜"（足球）运到呼啦圈旁，然后用脚背侧面运球绕呼啦圈一周后将"西瓜"拨入呼啦圈，再根据箭头标示方向跑回本队，击下一位同学的手。下一位同学出发依次进行，以先完成的队获胜。

[游戏规则]

1. 听到游戏开始的口令后方可出发，不能抢跑。

2. 呼啦圈旁必须用脚背侧面运球的方法绕1圈。

3. "运送西瓜"中间运丢"西瓜"，必须捡回来，并从丢"西瓜"的地点继续游戏。

4. 击掌后方可出发，并且"西瓜"必须运送到呼啦圈内算完成。

【评价要点】

1. 能够有意识地运用脚背外侧运球。

2. 在练习运球时要适当观察场上情况，有足球意识。

3. 能够积极地进行脚背外侧运球技术练习，在游戏时能够相互帮助、加油助威，有比赛精神。

第五单元　传　球

传球是足球比赛中运用最多的一种技术，传球是为了更好地控制球权，组织有效进攻，突破对方防线，创造射门机会。如果没有传球，就没有集体配合和战术。传球人要为接球人减少困难考虑，落点要准，要尽量让接球人便于接好球，不失误，这是对传球的最低要求。传球前，队员的视野要宽广，养成观察场上情况变化的习惯，正确判断、及时选择最有威胁的传球路线，有助于培养队员高度的集体主义精神和较高的战术意识水平。本单元重点进行脚内侧传球、脚背内侧传球、脚背正面传球教学。

一、脚内侧传球

【教学目标】

1. 初步学习脚内侧传球，使学生了解脚内侧传球的动作方法，体验脚内侧传球的技术动作。

2. 采用游戏与技术相结合的教学方法，使学生初步形成脚内侧传球技术动作；发展学生下肢力量，提高身体协调性和对传球力度的控制能力。

3. 培养学生的合作意识，养成观察场上情况变化的习惯。

【动作方法】

正面直线助跑最后一步稍大，支撑脚踏在球的侧方 10～15 厘米处，足尖正对传球方向，膝关节微屈。与此同时，摆动腿以髋关节为轴，大腿带动小腿由后向前摆动，同时髋关节、膝关节外展，足尖跷起，脚掌与地面平行，用脚内侧击球的后中部。踢球时踝关节紧张，足跟前送，两臂配合协调摆动。（图 2－5－1）

图 2 - 5 - 1

【动作要点】

直线助跑踏球侧，大腿外展脚尖翘，击球后中目标准，随球跟进意识强。

【教学重难点】

1. 教学重点：脚触球部位。
2. 教学难点：传球准确性。

【教学建议】

1. 采用游戏与技术相结合的教学方法进行教学，激发学生的学习兴趣。
2. 组织学生无球或有球模仿练习，体会动作要领和方法。
3. 利用踢吊绳的足球（将球装入网兜，成吊球）帮助学生体会提膝外展脚内侧踢球动作。
4. 利用十字线或小脚印帮助学生体验正确的支撑脚位置。
5. 利用限宽门由宽到窄逐步提高传球的准确性。

【易犯错误及纠正】

1. 传球时，支撑脚离球过远或过近，不能准确地用脚弓触球的正后方，使球传歪、传高。

纠正方法：反复做原地或助跑几步传球练习，练习时先原地再助跑，先慢再逐渐加快，先轻轻传球，再逐渐加大力度。提示支撑脚与球平行踏地，脚尖向前。

2. 传球时，膝关节未外展，脚尖未勾起，不能形成用脚弓触球，使球传不准。

纠正方法：2 人 1 组，1 人踩球，另 1 人做传球模仿动作。踩球人注意观察同伴传球的动作。

【注意事项】

1. 科学、合理布置场地，避免相互影响。

2. 根据学生能力调整传球距离与限宽门的宽度。

3. 脚内侧踢球稳定性较高，传球比较准确，经常用于短距离快速传切配合。

【巩固与拓展】

足球游戏

[游戏名称]"踢球入门"。（图 2 - 5 - 2）

[游戏目的]

1. 初步掌握脚内侧传球技术，提高脚内侧传球的平稳性、准确性，发展学生身体灵敏、协调等素质。

2. 培养与同伴合作、敢于竞争的意识以及沉着、果断的自信心。

[游戏方法]

游戏开始，各队第一人用脚内侧传球技术使球穿过"标志桶"，安全通过未碰倒标志桶得 1 分。第一人踢完后迅速与停球人互换。停球人将球交给第二人后回队尾。以此依次进行，最后以分多的队为胜。

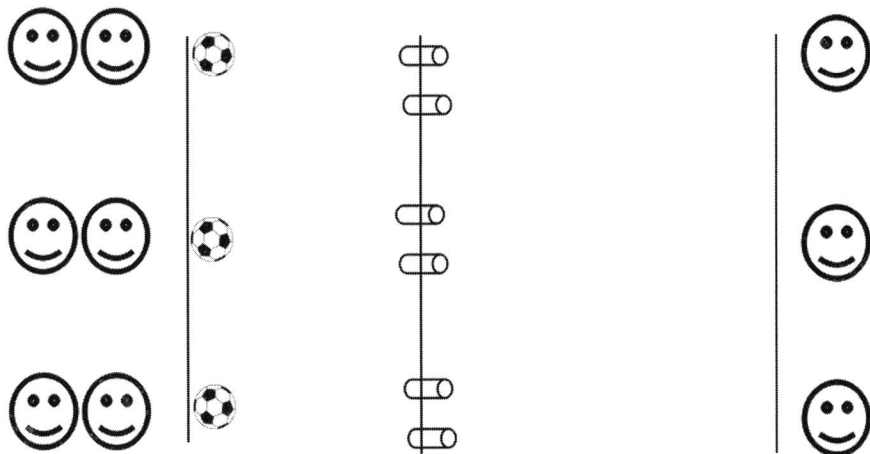

图 2 - 5 - 2

[游戏规则]

1. 足球必须放在规定线后。

2. 必须用脚内侧传球技术"踢球入门"。

【评价要点】

1. 脚内侧传球的动作方法基本正确，上下肢配合协调。

2. 传球的力度适中，有准度。

3. 喜欢脚内侧传球练习并且积极参与，和同学能够友好相处。

二、脚背正面传球

【教学目标】

1. 初步学习脚背正面传球技术，使学生了解脚背正面传球动作方法，体验脚背正面传球跑动路线及踢球时的触球部位。

2. 采用游戏与直观教学的教学方法，使学生初步体会脚背正面传球的肌肉感觉，发展学生的下肢力量，提高学生身体的协调性及灵敏素质。

3. 培养学生勇敢、拼搏、合作的意识，养成观察场上情况变化的习惯。

【动作方法】

踢定位球时，直线助跑，最后一步稍大并要积极着地，支撑脚在球的侧后方约 10 ~ 12 厘米处，脚尖正对出球方向，膝关节微屈，踢球腿是在支撑脚前跨和助跑的最后一步蹬离地面时，顺势向前摆起，小腿弯曲。在支撑脚着地的同时，以髋关节为轴，大腿带动小腿由后向前摆，当膝盖摆至接近球正上方的刹那，小腿做爆发式前摆，脚背绷直，脚趾扣紧，以脚背的正面击球的后中部。踢球腿随球继续提膝前摆。（图 2 - 5 - 3）

图 2 - 5 - 3

【动作要点】

直跑跨步体跟上，支撑踏在球侧方，踢腿加速向前摆，脚背踢球正后方。

【教学重难点】

1. 教学重点：击球部位。

2. 教学难点：踢球时机。

【教学建议】

1. 教师讲解示范，学生按照教师指定的队形听看示范动作。

2. 学生进行原地无球模仿练习，体会技术动作。

3. 学生 2 人 1 组做踢固定球练习，体会踢球的部位及击球点。

4. 学生 2 人 1 组做相对互踢练习。

5. 增加踢远个人比赛以及小组射准比赛等。

6. 游戏比赛巩固练习。

【易犯错误及纠正】

1. 支撑脚的位置靠后，造成踢球时身体后仰，踢球的后下部，出球偏高。

2. 踢球时，因怕脚尖触地，脚背不敢绷直，造成脚趾触球。

纠正方法：原地反复踢固定球，学生通过互相观察，教师指导，掌握正确的动作要领。

3. 出球方向不正。

4. 踢球腿前摆时，小腿过早前摆，造成直腿踢球，出球无力。

纠正方法：找参照物进行练习，例如在墙底下标出标志，学生进行原地反复踢准练习。

【注意事项】

1. 场地布置科学合理，避免练习时相互影响。

2. 练习手段避免单一，多以游戏形式练习技术动作。

【巩固与拓展】

足球游戏

［游戏名称］"消灭四害"。（图 2 - 5 - 4）

［游戏目的］

1. 初步了解脚背正面传球技术，提高传球的准确性，发展学生的腿部力量和身体的协调性及灵敏素质。

2. 培养学生在生活中建立环保意识，在游戏中能与同伴合作交流并敢于竞争的拼搏精神。

［游戏方法］

将学生分为人数相等的 4 组，设置情景"消灭四害"。游戏开始，各组第一名同学用自己喜欢的运球方法将球运至起踢线，在此用脚背正面传球的技术将球踢入小球门内即为除掉"害虫",然后返回拍下一个同学的手。依次进行,最后以"消灭害虫"（进球）多的队获胜。

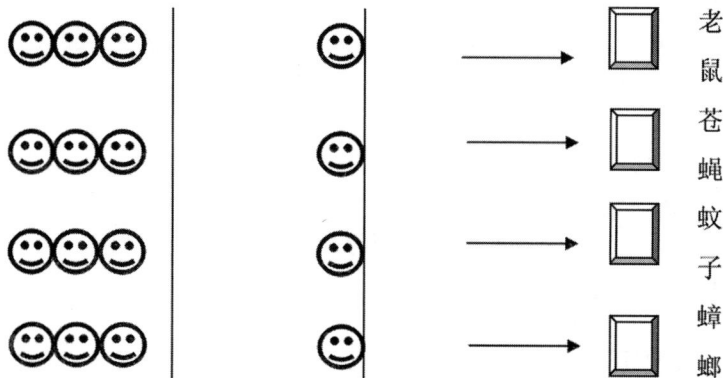

图 2－5－4

［游戏规则］

1. 消灭"害虫"时必须用脚背正面传球技术。

2. 必须在起踢线后射门。

【评价要点】

1. 脚背正面传球动作方法的掌握程度。

2. 脚背正面传球的力度以及准确性。

3. 积极参与练习,能够主动帮助同学,并与同学友好相处。

三、脚背内侧传球

【教学目标】

1. 初步学习脚背内侧传球技术,使学生了解脚背内侧传球动作方法,体验脚背内侧传球跑动路线及技术动作。

2. 采用游戏与直观教学的教学方法,使学生初步体会脚背内侧传球的肌肉感觉,发展学生的下肢力量,提高学生身体的协调性及灵敏素质。

3. 培养学生的勇敢、拼搏、合作的意识,养成观察场上情况变化的习惯。

【动作方法】

斜线助跑,支撑脚踏在球侧,膝关节微屈,脚趾指向出球方向。踢球脚以髋关节为轴由后向前摆动,膝踝关节外展,脚尖稍跷,脚内侧对准来球。当膝关节摆至接近球体

上方时，小腿加速前摆，击球刹那，脚跟前顶，脚形固定，用脚内侧击球的中后部。（图2－5－5）

图2－5－5

【动作要点】

斜向助跑踏侧后，摆动大腿带小腿，膝摆至球侧上方，小腿加速摆击球，用脚内侧击后中，顺势前摆脚着地。

【教学重难点】

1. 教学重点：斜向助跑与支撑脚站位。
2. 教学难点：击球腿的前摆动作及击球部位。

【教学建议】

1. 示范完整动作。
2. 分解讲解脚背内侧传球动作要领。
3. 学生进行原地徒手摆腿练习，体会正确的摆腿动作。
4. 踢固定球的练习，1人把球踩住，1人助跑踢固定球，学生之间互相观察，提出意见，反复交替练习。
5. 短距离传球游戏练习，组织学生进行分组练习，2人1球，距离8米。
6. 脚背内侧传球的技术动作较难，低年级学生的身体条件、力量等都不足，教师可酌情降低教学难度，只要让学生掌握基本要领，知道怎么去踢就好。
7. 游戏比赛练习动作。

【易犯错误及纠正】

1. 助跑角度不好，踢不准球的正确部位。

纠正方法：踢固定球，可拉一个跳绳放于斜向45度角位置，再进行助跑踢球练习。

2. 支撑脚位置不正确，球踢不起来。

纠正方法：学生进行行走式踢球，找准支撑脚正确的位置。

3. 脚触球部位不正确，造成球踢出后方向不准确。

纠正方法：在学生的脚背内侧和足球的中后部各贴一个小贴纸，让学生找准正确的触球部位后，再进行分组练习。

【注意事项】

1. 场地布置、分组要科学合理，要便于练习避免误伤。

2. 此项足球技术对于水平一的学生只是了解，不要过多强调技术。

3. 采用游戏法增加趣味性，避免单一枯燥。

【巩固与拓展】

足球游戏

［游戏名称］"我是射准高手"。（图2-5-6）

［游戏目的］

1. 初步了解脚背内侧传球技术，提高传球的准确性，发展学生的腿部力量和身体的协调性及灵敏素质。

2. 培养学生沉着冷静的心理品质，在游戏中能与同伴合作交流并敢于竞争。

［游戏方法］

将学生分成人数相等的4组，站在限制线后。当听到口令后，各组每人1球依次把球放到起踢线后踢定位球，墙上5环由中心环到外环分别得分为5、4、3、2、1，最后以得分多的组获胜。

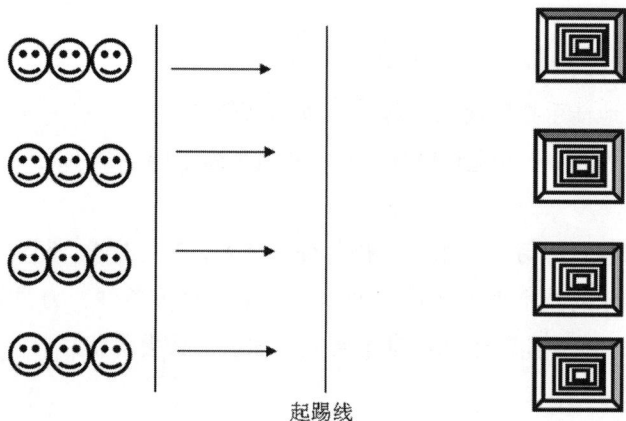

起踢线

图2-5-6

［游戏规则］

1. 足球放到起踢线后。

2. 运用脚背内侧踢球的方法进行踢球。

【评价要点】

1. 能够正确地掌握脚背内侧传球的动作要领。

2. 脚背内侧传球的方向大概准确。

3. 积极参与脚背内侧的传球练习，积极参与游戏比赛并遵守游戏规则。

第六单元 停 球

停球技术动作在足球运动中运用很广泛、很普遍，是必须学会的一项基本技术。停球是用身体的合理部位将球控制在自己所需的范围内。停球的方法包括脚部、腿部、胸部、腹部和头部，无论哪种停球方法，都是有 3 个环节组成，即判断来球速度、路线、落点；缓冲来球力量；为衔接下一个动作做好准备。该项技术有助于培养学生沉着、冷静、机智的意志品质。本单元重点教学脚内侧停地滚球和大腿停空中球，并在此基础上体验脚内侧停反弹球、脚外侧停地滚球、脚外侧停反弹球和大腿停平直球的动作方法。

一、脚内侧停地滚球

【教学目标】

1. 通过学习，使学生了解脚内侧停地滚球动作的相关知识，初步体验脚内侧停地滚球的技术动作。

2. 采用小组合作的教学方法，使学生能够停住来自不同角度和不同速度的球。发展学生下肢力量，提高身体的灵敏性及控球能力。

3. 培养学生机智、果断的意志品质，同时养成移动中停球习惯。

【动作方法】

脚内侧停地滚球时，身体正对来球方向。支撑脚脚尖与来球的方向一致，膝微屈，停球腿提起屈膝外转并向前迎，脚尖稍跷起，使脚内侧对准来球。当脚与球接触的刹那开始后撤，以缓冲来球的力量，把球停留在便于衔接下一个动作的控制范围内。（图 2 - 6 - 1）

图 2 - 6 - 1

【动作要点】

面对来球看情况，先迎后撤似粘球，触球放松控制稳。

【教学重难点】

1. 教学重点：迎、撤球的时机。
2. 教学难点：迎、撤球的时机。

【教学建议】

1. 在开始学习停球时，就要让学生注意停球时的触球部位（身体和脚踝）要适当放松，并要做好迎撤动作。

2. 在停球的刹那，身体重心要稳固地处在支撑脚上，以保证停球脚自如地进行动作。

3. 在掌握动作的基础上，注意适当增加难度，原地停球——迎面跑动停球——向两侧跑动停球——停球后转身运球——停球后射门或传球。

4. 要随时提醒学生养成停球后观察周围情况的习惯，以便将球停在需要的位置上，为及时、正确地停球和为加快进攻速度创造条件。

5. 按照足球小组分开练习，每 2 个人 1 个球，有利于学生更多地触球，从而提高学生的学习效率。

6. 教师及时进行评价、纠正错误动作。

7. 对掌握快的学生积极进行评价，并邀请其在全班同学面前进行展示，促进学生互相评价、共同提高。

【易犯错误与纠正】

1. 触球时，停球脚的踝关节过于紧张，不利于缓冲，球停得离身体过远。

纠正方法：讲清动作要领并反复做后撤缓冲的模仿练习，强调踝关节放松。

2. 停球脚抬起过高，用脚掌踩球，使球漏过或停球不稳。

纠正方法：互抛互停反复练习，强调抬脚不要过高或过低。

【注意事项】

1. 科学、合理布置练习场地，渗透安全练习意识。

2. 遵循由易到难的教学原则，注重满足不同学生的学习需求。

3. 采用多种练习形式，注重激发学生的练习兴趣。

【巩固与拓展】

足球游戏

［游戏名称］"你传我停"。（图2-6-2）

［游戏目的］

1. 通过停不同方向传来的球，巩固脚内侧停地滚球技术，发展学生身体的灵敏、协调等素质。

2. 激发学生的练习兴趣，培养学生灵敏反应能力。

［游戏方法］

将学生分为5人1组，其中1人站在圆心处准备接停来自队友的传球，其余4人各持一球按东、南、西、北4个方向站在半径为4~5米的圆上。游戏开始，停球队员按顺时针方向自转3圈然后喊出方位，反方位的同学快速将球传出，停球队员采用脚内侧停地滚球技术将球停住并回传给队友。停球成功游戏继续，如果停球失误与传球同学角色兑换，游戏依次进行。

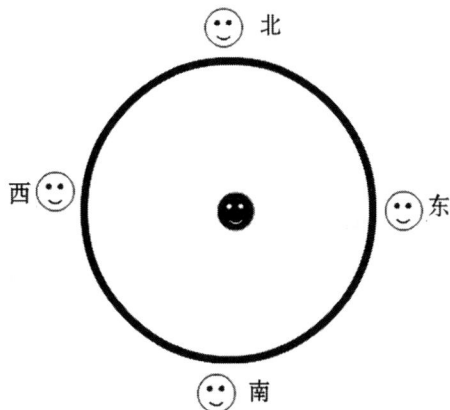

图2-6-2

［游戏规则］

1. 游戏时，用脚内侧停地滚球技术来停球。

2. 传球队员必须保证传球准。

3. 传球队员需在圆外来传球。

技能拓展

在掌握脚内侧停地滚球的基础上，启发、引导学生进行停球技能拓展练习，重点进行脚内侧停反弹球、脚外侧停地滚球和脚外侧停反弹球的练习。

［拓展内容］

1. 脚内侧停反弹球。停反弹球时，脚内侧对准球反弹方向，当球刚弹离地面时，用脚内侧推压球的中上部，将球停留在便于衔接的下一个动作的控制范围内。（图2-6-3）

图 2 - 6 - 3

2. 脚外侧停地滚球。停地滚球时，停球脚稍提起，膝关节和脚内转，用脚背外侧对正来球。在支撑腿的前侧方接触球的侧后方（偏支撑脚一侧），脚与球接触的刹那向外侧轻拨，将球停在侧方或侧前方。（图 2 - 6 - 4）

图 6 - 4

3. 脚外侧停反弹球。停反弹球时，面对来球，支撑腿的膝关节微屈，停球脚在支撑脚前方稍提起，脚内翻，使小腿与地面成一定角度，踝关节放松。当球刚反弹离地时，用脚背外侧触球的侧上部，将球停在体侧。（图 2 - 6 - 5）

图 2 - 6 - 5

［练习方法］

1. 复习、巩固脚内侧停地滚球技术。

2. 启发学生体验脚内侧停反弹球技术动作。

3. 教师示范讲解并引导学生模仿停球动作，体会动作方法。

4. 互抛互停练习。

5. 先练习停近距离和轻力量的反弹球，再练习停中、远距离和较大力量的反弹球。

6. 在此基础上，启发学生练习脚外侧停地滚球、脚外侧停反弹球技术。

7. 熟练掌握停球技术后，进行停球与传球结合练习。

【评价要点】

1. 学生积极主动参与练习。

2. 学生停球时能够主动迎球并缓冲将球控制在自己控制范围内。

3. 学生合作默契，配合意识强。

二、大腿停高球

【教学目标】

1. 通过学习，使学生了解大腿停高球动作的相关知识，初步体验大腿停高球的技术动作。

2. 采用小组合作的教学方法，使学生能够停住高空下落的缓慢来球。发展学生下肢力量，提高身体的灵敏性及控球能力。

3. 培养学生机智、果断的意志品质，同时养成移动中停球习惯。

【动作方法】

停高球时，判断好来球的落点，面对来球，停球腿大腿抬起，以大腿中部对准球的落点，在大腿与球接触的刹那，肌肉适当放松并迅速撤引，使球落在与下一个动作衔接所需要的位置。（图2－6－6）

【动作要点】

面对来球判落点，大腿中部来迎球，抬腿下撤放松接，使球落在需要处。

【教学重难点】

1. 教学重点：大腿中部停球。

2. 教学难点：迎、撤球的时机。

图 2-6-6

【教学建议】

1. 教师强调大腿停高球的身体姿态，触球瞬间的卸力过程，并进行示范。

2. 引导学生模仿停球动作，体会动作方法。

3. 2 人 1 组，1 人拿球辅助并纠错，另 1 人体验正确部位触球动作。练习一定次数后，2 人交换练习。

4. 2 人 1 组，1 人近距离抛球，另 1 人用正确的部位停球。练习一定次数后，2 人交换练习。

5. 学生分组，进行慢速的抛球接球练习，并在此基础上做不同速度的抛球停球练习。

6. 邀请掌握效果好的学生进行展示示范，促进学生间的共同提高。

7. 在掌握动作的基础上，注意适当增加难度的练习。

【易犯错误及纠正】

1. 停球腿引撤时机和速度掌握不好，缓冲效果差。

纠正方法：多做模仿停球动作，体会触球瞬间的卸力过程；多做慢速的抛球停球练习。

2. 停球效果不理想，停球的部位靠前或偏后。

纠正方法：1 人拿球，1 人反复用正确部位触球；或 1 人近距离抛球，1 人用正确的部位停球。

【注意事项】

1. 科学、合理布置练习场地，渗透安全练习意识。

2. 遵循由易到难的教学原则，注重满足不同学生的学习需求。

3. 采用多种练习形式，注重激发学生的练习兴趣。

【巩固与拓展】

足球游戏

[游戏名称]"你抛我停"。（图2-6-7）

[游戏目的]

1. 通过停不同方向抛来的球，巩固大腿停高球技术，发展学生身体的灵敏、协调等素质。

2. 激发学生的练习兴趣，培养学生灵敏反应能力。

[游戏方法]

将学生分为5人1组，其中1人站在圆心处准备接停来自队友的传球，其余4人各

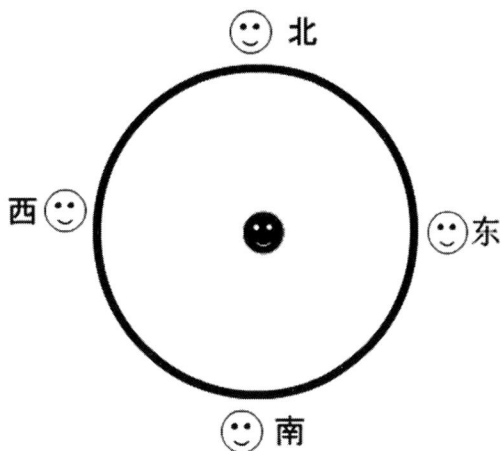

图2-6-7

持1球按东、南、西、北4个方向站在半径为4~5米的圆上。游戏开始，抛球队员按逆时针方向将球依次抛给停球队员，停球队员采用大腿停高球技术将球停住并回传给队友。停球成功游戏继续，如果停球失误与传球同学角色互换，游戏依次进行（停球技术熟练后，停球队员可听声音辨别来球方向，在移动中完成停球动作）。

[游戏规则]

1. 游戏时，用大腿停高球技术来停球。

2. 抛球队员必须抛出弧度较大的高球。

3. 抛球停球队员配合默契。

技能拓展

在掌握大腿停高球技术的基础上，启发、引导学生进行大腿停平直球的技能拓展练习。

[拓展内容]"大腿停平直球"。

停平直球时，面对来球，对准来球的飞行路线，停球腿屈膝前迎，用大腿中部触球。在触球的刹那后撤，使球落在与下一个动作衔接所需的位置。（图2-6-8）

[练习方法]

1. 复习、巩固大腿停高球技术。

2. 启发学生体验大腿停平直球技术动作。

3. 教师示范讲解并引导学生模仿停球动作，体会动作方法。

4. 互抛互停练习。

5. 邀请掌握效果好的学生进行展示示范，促进学生间的共同提高。

6. 熟练掌握停球技术后，进行停球与传球结合练习。

图 2－6－8

【评价要点】

1. 学生积极主动参与并乐于练习。

2. 能够运用大腿中部停球。

3. 学生合作默契，配合意识强。

第七单元　射　门

　　射门是足球运动的技术术语之一，主要是指用踢球、头顶球、铲球等技术将球射向对方球门。在足球运动中，射门是进攻的最终目的，是得分的手段，也是比赛胜负的关键。射门的方法很多，如射地滚球、空中球、反弹球、直线球、弧线球；可直接射、带射、接射等等。由于队员在射门的时候需要保持冷静、机智、果断，并能随机应变，通过射门的学习对培养学生自信心，以及机智、果断的良好品质有很好的作用。本单元重点进行脚内侧射门和脚尖射门教学。

一、脚内侧射门

【教学目标】

　　1. 初步学习脚内侧射门技术，使学生了解脚内侧射门的动作方法，能初步应用脚内侧射门的技术动作。

　　2. 采用游戏、比赛等方式，使学生初步形成脚内侧射门技术动作；发展学生灵敏、协调、力量素质。

3. 培养学生的射门意识和欲望，提高学生自信心。

【动作方法】

直线助跑，速度和距离要适宜，支撑脚踏在球侧方约一脚远，脚尖对准出球方向。踢球时，支撑腿的膝关节微屈，重心稍下降，摆动腿髋关节外展，使脚内侧对准球，以大腿带动小腿快摆击球。击球时，踝关节用力绷紧，以脚内侧击球的后中部；击球后随球跟进。（图2-7-1）

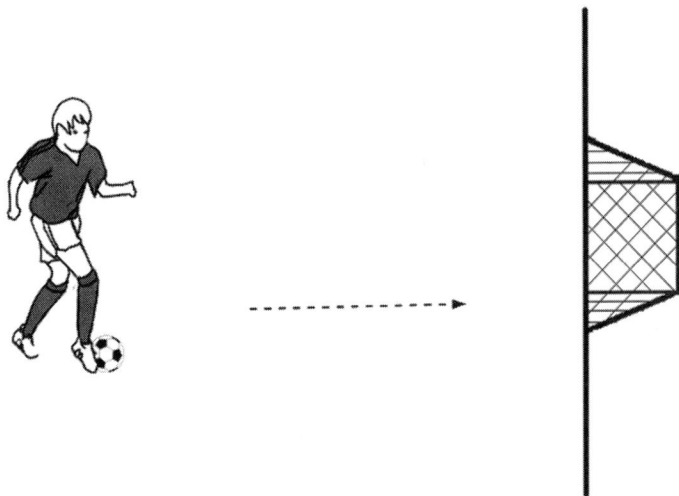

图2-7-1

【动作要点】

支撑脚的位置、踢球腿的摆动和脚触球的部位。

【教学重难点】

1. 教学重点：踢球腿的摆动。
2. 教学难点：射门准确性。

【教学建议】

1. 复习、巩固脚内侧传球技术动作。
2. 对墙踢球练习，在墙上画出稍大于足球的圆环，使球踢中圆环，提高射门准确性。
3. 定位球射门练习。先做空门练习，然后增加守门员，提高难度。
4. 运球推射练习。自己运球到适当距离，选择好角度，推射入门。
5. 2人用脚内侧传接球配合后，用脚内侧射门。

【易犯错误及纠正】

1. 射门时，支撑脚离球过远或过近，不能准确地用脚弓触球的正后方，使球射歪、射高。

纠正方法：反复做原地或助跑几步射门练习。练习时先原地再助跑，先慢再逐渐加快，先轻轻射门再逐渐加大力度。提示支撑脚与球平行踏地，脚尖向前。

2. 射门时，膝关节未外展，脚尖未钩起，不能形成用脚弓触球，使球射不准。

纠正方法：2人1组，1人踩球，另1人做射门模仿动作。踩球人注意观察、提示同伴射门的动作。

【注意事项】

1. 脚内侧射门是最常见的射门方式，也最容易把握准确度，但这种射门射出的球力量有限。如果角度不够刁，则很容易被守门员扑到。

2. 用脚内侧射门一般都是推射，练习时不要太发力。

3. 射门技术的好坏既与技术动作掌握的程度有关，又与射门意识有关。射门意识的培养比较困难。意识是建立在技术基础上的，要采取多种方式练习射门，通过各种形式的教学比赛提高射门能力。

【巩固与拓展】

足球游戏

［游戏名称］"点球大战"。（图2-7-2）

［游戏目的］

1. 了解点球规则，初步应用脚内侧射门技术，提高脚内侧射门的准确性，发展学生身体灵敏、协调等素质。

2. 培养射门时沉着、冷静、机智、果断的良好品质。

［游戏方法］

将学生分为人数相等的2队，用脚内侧射门以罚点球的方式进行比赛。每队选一名守门员，猜硬币决定先后顺序，2队轮流用脚内侧射门，射入1球记1分，在规定时间内分高队获胜；或者在完成一轮射门后，采用"突然死亡法"，决出胜负。

［游戏规则］

1. 遵守点球相关规则。

2. 必须用脚内侧射门技术进行比赛。

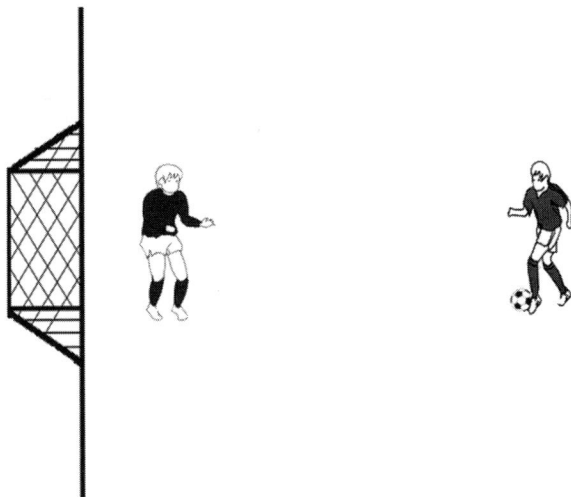

图 2 - 7 - 2

【评价要点】

1. 学生参与练习的兴趣与主动性程度。

2. 学生是否了解脚内侧射门的动作方法并初步运用。

3. 学生射门意识、规则意识、合作学习意识、竞争能力的增强程度。

二、脚尖射门

【教学目标】

1. 初步学习脚尖射门技术，使学生初步掌握脚尖射门的动作方法和特点，能在比赛中初步应用脚尖射门的技术动作。

2. 通过教师的讲解示范、学生的合作学习，使学生初步形成脚尖射门技术动作。发展学生下肢力量，提高身体协调性。

3. 培养学生沉着冷静、机智果断等良好品质。

【动作方法】

不用摆动大腿，直接摆动小腿，脚面与小腿呈直角，用脚尖踢足球的中部，小腿于大腿绷直的过程中发力。在脚尖与足球接触的时候，可以稍微向上、左、右稍微改变一下脚腕的方向。（图 2 - 7 - 3）

图 2 - 7 - 3

【动作要点】

以脚尖踢球中部，小腿快速摆动，用脚腕控制球的方向。

【教学重难点】

1. 教学重点：脚尖踢球中部。
2. 教学难点：踢球快速。

【教学建议】

1. 原地模仿脚尖射门动作，体会触球部位。
2. 原地脚尖踢实心球，体会小腿发力动作。
3. 对墙练习脚尖射门，踢出直线球。
4. 摆放小球门，分组练习脚尖射门。
5. 设置守门员，练习者运球靠近球门，用脚尖射门的方法射门。
6. 在简易的足球比赛中运用脚尖射门。

【易犯错误及纠正】

射门高或偏出。

纠正方法：2 人 1 组，1 人踩球，1 人练习脚尖射门，踢球后中部，找准击球部位。

【注意事项】

1. 脚尖射门俗称"捅射"，射门时用脚尖瞬间一捅，不需要大幅度摆腿，动作隐蔽，具有突然性。在门前争夺激烈时，用脚尖"捅球"射门能出奇制胜。但有时准确性差。

2. 提示学生脚尖射门不要用力过猛，以免戳伤脚趾。

【巩固与拓展】

足球游戏

［游戏名称］"四面开花"。（图2－7－4）

［游戏目的］

1. 巩固脚尖射门技术，提高学生对足球的兴趣。

2. 培养学生射门的意识。

［游戏方法］

在正方形场地上，每边放1个小球门，把学生分成人数相等的2队，每人1球。游戏开始，一队进入场内，根据自己的位置选择射门目标，听到口令同时用脚尖射门将球射入小球门，射中者得1分，场外的队负责计分。然后交换位置，以得分多的队为胜。

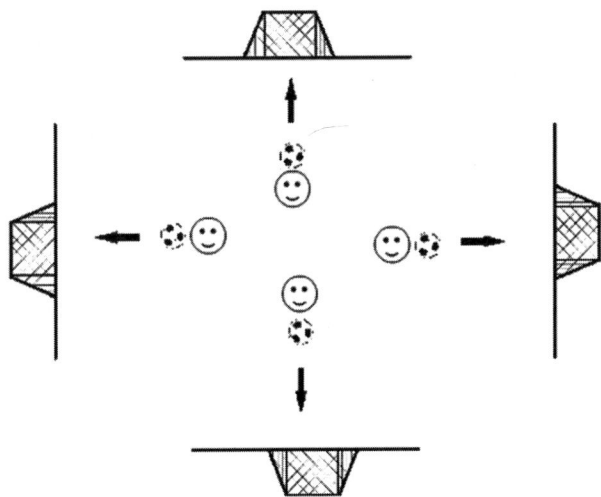

图2－7－4

［游戏规则］

1. 用脚尖射门，合理选择射门位置。

2. 射门要快、准，同时注意安全。

【评价要点】

1. 学生参与的积极主动性。

2. 学生是否了解脚尖射门的动作方法并初步运用。

3. 学生射门意识、对足球的兴趣。

第八单元　掷界外球

规则规定，队员将球踢出边线后由对方在球出界地点掷界外球。掷界外球是组织进攻的开始，动作简单，但如果掷球远、准，就能很好地掌握和利用进攻机会，给对方造成极大威胁，特别是在对方发球区附近掷界外球，由于第一个接球人不受越位规则限制，更便于进行有效的进攻战术。本单元重点教学原地掷界外球。

原地掷界外球

【教学目标】

1. 学习原地掷界外球，使学生了解原地掷界外球动作的相关知识，初步体验原地掷界外球的技术动作。

2. 采用游戏与比赛相结合的形式，使学生快速形成原地掷界外球的技术动作。提高掷球技能，发展身体素质和全身协调用力的能力。

3. 树立安全意识养成遵守纪律、安全锻炼的习惯。

【动作方法】

面对出球方向，两脚前后或左右开立，膝关节弯曲，上体后仰成背弓，重心移到后脚上（左右开立时，重心在两脚间），两手自然张开，拇指相对，持球的侧后部，屈肘将球置于头后。掷球时，后脚用力蹬地，两腿迅速伸直，身体重心由后脚移到前脚，收腹屈体，同时两臂急速前摆。当球摆到头上时用力甩腕将球掷入场内。掷球时，后脚可沿地面向前滑动，两脚均不得离地或踏入场内（允许踏在线上）。（图2－8－1）

图2－8－1

【动作要点】

两脚开立体后仰，双手持球于头后，蹬地收腹臂前摆，用力甩腕将球掷，两脚千万别离地。

【教学重难点】

1. 教学重点：动作方法正确。

2. 教学难点：全身协调用力。

【教学建议】

1. 教师示范讲解，使学生明确动作要领。

2. 组织学生无球或有球模仿练习，体会动作要领和方法。

3. 2 人 1 组，相距 4~5 米，掷、接界外球练习。

4. 找优生示范，给同伴树立榜样。

5. 掷界外球比远比赛。

6. 掷界外球与头顶球射门组合练习。

7. 教学中注重引导学生观察、体会、思考掷球时的全身协调用力。

8. 原地掷界外球时，两脚前后站立比左右开立较好，这样容易掌握重心，并可掷得远些。

9. 采用练习与比赛相结合的形式来激发学生的学习兴趣。

【易犯错误及纠正】

1. 近距离掷球时，易出现动作不连续而造成违例。

纠正方法：放慢动作速度，重点体会掷球的用力顺序，并且适当减小蹬地力量。

2. 掷出的球弧度过大从而影响球的远度。

纠正方法：通过讲解使学生在理论上清楚球出手的角度与球运行距离的关系。在练习中调整好球出手的角度和球出手的时机。

3. 出球无力。

纠正方法：熟练动作，使掷球动作更连惯更协调。同时，增大蹬地力量，加快摆体、收腹的速度，缩短球出手的时间。

【注意事项】

1. 科学、合理布置练习场地，渗透安全练习意识。

2. 采用游戏和比赛的形式，注重激发学生的练习兴趣。

3. 教学中注重安全教育。

【巩固与拓展】

足球游戏

［游戏名称］"打地靶"。（图2－8－2）

［游戏目的］

1. 复习、巩固原地掷界外球技术，提高掷球远度与准确性，发展身体素质和全身协调用力的能力。

2. 树立安全意识，养成听从指挥的良好习惯。

［游戏方法］

将学生分成人数相等的4组，按东、南、西、北4个方位以横队形式站在投掷线后，面向地靶。游戏开始，以组为单位，听口令依次将球掷向地靶，根据球落入的区域来计分，靶心为5分，往外依次为4分、3分、2分，各组队员每人掷1次累计得分为本组成绩，组与组之间得分多者为胜利。游戏可反复进行（投掷距离根据学生能力设定）。

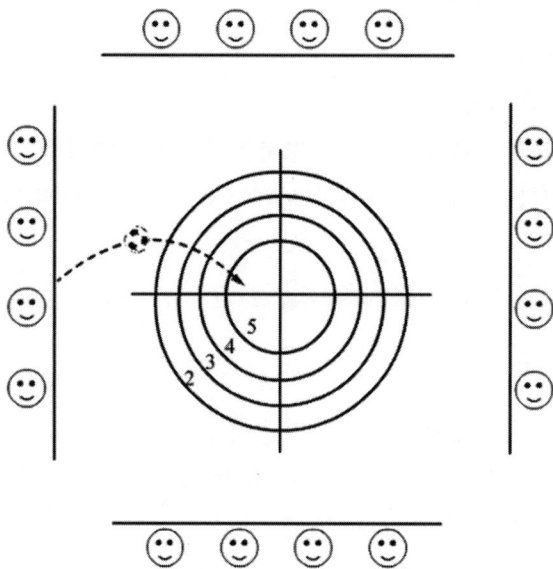

图2－8－2

［游戏规则］

1. 运用原地掷界外球技术来做游戏。

2. 球掷出界不计分，球压线按低分区来计分。

3. 听口令统一捡球，树立安全意识。

4. 诚实守信。

【评价要点】

1. 学生积极、主动参与练习。
2. 学生原地掷界外球时双脚不离地。
3. 掷球准确，2 人合作默契。

第三篇　中年级部分（三至四年级）

第一单元　足球理论知识

本单元为足球理论知识，共计 4 个课时。中年级学生主要参加 5 人制足球比赛，在本单元设立 1 节 5 人制足球比赛规则理论课。另外几节足球理论知识课为 7 人制足球比赛规则和足球比赛中的裁判手势，在中年级使学生了解这些足球理论知识，可以为以后的教学和比赛打下基础。本单元重点教学为 5 人制足球比赛规则。

一、5 人制足球比赛规则

（一）队员人数

1. 比赛应由 2 队参加，每队队员不超过 5 人，其中 1 人必须为守门员。比赛开始时，每队队员不得少于 5 人。如果比赛中某队有多个队员被罚出场而场上该队队员数少于 3 人时，比赛必须终止。

2. 各队替补队员不得超过 5 人。

3. 比赛中，"机动替换"次数不限，但如果替换守门员，无须在死球时进行。充当守门员的球员服色要区别于其他运动员，并有原号码，被替换下场的队员可以重新上场替补其他队员。

4. 队员可在比赛进行期间随时"机动替换"，但须按以下要求进行。

（1）离场队员须由边线上的替换区离场。

（2）上场队员也须由边线上的替换区入场，而且必须在离场队员完全跨出边线后方可入场。

（3）替补队员不论上场与否，裁判员均有权对其行使职权。

（4）当替补队员入场后，替换即告完成，该替补队员成为场上队员而被替换出场的队员不再为正式场上队员。

罚 则

1. 队员若违反第（4）项规则，比赛不应暂停，应在比赛成死球时立即警告有关队员。

2. 在进行"机动替换"时，若替入队员在被换出球员还未完全离场之前就进场，裁判员应立即停止比赛，由裁判员令被换出球员离场，并对提前入场的替补队员给予警告，判由对方在停止比赛时球所处地点踢间接任意球恢复比赛。如暂停时球在罚球区内，则在 6 米线上距停止比赛时球所在地点最近的地点踢出。

3. 在进行"机动替换"时，替补队员入场或换出队员出场时未经替换区进行，裁判员应立即暂停比赛，裁判员除警告有关犯规队员外，并判由对方在停止比赛时球所在地点踢间接任意球恢复比赛。如当时球在罚球区内，则应在停止比赛时距球所在地点最近的 6 米线上执行。

（二）队员装备

1. 队员不得穿戴对其他队员有危险的装备。

2. 队员通常的装备为球衣、短裤、护腿板、护袜与球鞋。

3. 队员球衣须有编号，同队队员号码不得相同。

4. 守门员可穿着长裤，其球衣的颜色须容易与其他队员及裁判员分辨。如其他球员替换守门员，无须待死球，但服色要明显有区别，并保留原有的号码上场。

（三）比赛时间

1. 比赛应分为 2 段相等的半场，每半场 25 分钟。

2. 比赛时间应由计时员掌握。

3. 在每半场中，如执行罚球点球，则应延长至罚完为止。

4. 每队每半场可要求一次一分钟暂停，但应遵守如下规定。

（1）只有各队教练才能提出暂停。

（2）比赛在死球时，计时员用不同于裁判的哨声或其他声音信号暂停比赛。

（3）暂停后，双方队员均应停留在场内，但可靠近后备席近旁的边线集合，听取教练的指示。同样，教练亦不能进入场内，只可以在场外边线做指导。

（4）一个球队如上半场未使用"暂停"，下半场亦只能要求一次暂停而不可以获得补偿。

（5）中场休息时间不得超过 10 分钟。

（四）比赛开始

1. 比赛开始时，双方用掷币方式选定场地和开球权，由胜者选择场地或开球。比赛应在裁判员发出信号后，由开球方的一名队员将球踢入（即踢动放在比赛场地中央的球）对方半场。在球踢出之前，双方队员必须在己方半场内，而且开球队的对方球员必须离球至少3米。皮球向前滚动，比赛即为开始。开球的队员在球未被其他队员踢或触及前，不得再次触球。

2. 当攻入1球后，由失球方队员按上述规则的方法重新开球继续比赛。

3. 中场休息后，双方应交换场地，并由上半场开球队的对方一名队员开球。

罚　则

1. 违反本章以上3项规定时，应重新开球，但如开球队员在球未经其他队员踢或触及前再次触球，应判由对方在犯规地点踢间接任意球。如开球队员在对方罚球区内犯规，则此间接任意球在6米线上离犯规地点最近的一点踢出。开球可以直接射门得分。

2. 比赛如因本规则中未规定的原因暂停，而暂停时球并未越出边线或球门线，则恢复比赛时，应由裁判员在比赛暂停时球所在的位置坠球，球一触地即恢复比赛。除非比赛暂停时球在罚球区内，则应在比赛暂停时球所在位置的最近6米线上坠球。球一触地即恢复比赛。如裁判员坠球后，球未经队员触及而越出边线或球门线，则应由裁判员重新坠球。坠球时在球触地前，任何队员均不得触球，若有队员违例，则应由裁判员重新坠球。

（五）比赛进行及死球

在下列情况下，比赛成死球。

1. 当球的整体在地面或空中全部越过球门线或边线时。

2. 当裁判员停止比赛时。

自比赛开始至比赛终了，比赛均应视为进行中，包括下列情形。

（1）球从门柱或横梁弹回场内。

（2）球从场内的裁判员或第二裁判员身上弹落于场内。

（3）场上队员犯规或有犯规嫌疑而裁判员并未做出判罚。

（六）计胜方法

除规则另有规定外，凡球的整体从两门柱之间及横梁下越过球门线，而非由攻方球员用手掷入、带入、故意用手或臂推入球门，均为攻方胜1球。比赛中，胜球较多的一队为得胜队伍；如双方均未胜球或胜球数目相等，则比赛为"平局"。

（七）犯规与不正当行为

队员故意违反下列11（1～11）项的任何一项时，应由对方在犯规地点踢直接任意球。

1. 踢或故意踢对方队员。

2. 绊摔对方队员 (即在对方身前身后,伸腿或屈体绊摔或企图绊摔对方)。

3. 跳向对方队员。

4. 猛烈地或带有危险性地冲撞对方队员。

5. 从背后冲撞对方队员。

6. 打或企图打对方队员或向对方队员吐唾沫。

7. 拉对方队员。

8. 推对方队员。

9. 用肩膀冲撞对方队员。

10. 当对方队员正踢球或正欲踢球时,倒地铲球。

11. 用手触球,即用手或臂部携带、击或推球 (此规则不适用于守门员在本方罚球区内)。

12. 守门员违例:

(1) 同伴故意回传球后,守门员用手触球或控制球。

(2) 当同伴踢界外球时将球直接传给己方守门员,而守门员用手触球或控制球。

(3) 守门员在本方半场内任何地点,用手或脚控球超过 4 秒。

(4) 用手掷门球 (传出或抛出罚球区) 后,球未越过中线或未经对方队员踢或触及,而接到同伴的传球。

罚 则

若裁判员认为队员有下列行为,应罚令出场。

1. 犯有严重犯规行为。

2. 犯有暴力行为。

3. 使用污言秽语或进行辱骂。

4. 因犯规而被第二次警告。

(八) 任意球

任意球可分为 2 种:直接 (这种球可以将球直接射入犯规队球门得分) 和间接 (这种球不能直接射门得分,除非在球入球门前曾被其他队员踢或触及)。

队员在踢任意球时,所有对方队员必须离球至少 5 米直至球被踢出为止。当球滚动,比赛即为恢复。

如果对方队员在任意球被踢出前侵入距球 5 米以内时,裁判员应令重新开球,且须符合规则为止。

踢任意球时,须将球放定。踢任意球的队员将球踢出后,球未经其他队员踢或触及前,不得再次触球。

罚 则

1. 如踢任意球的队员将球踢出后,球未经其他队员触及而再次触球,应判由对方在犯规地点踢间接任意球。若在罚球区内犯规，则应在 6 米线上离犯规地点最近的一点踢出。

2. 如果踢任意球的一方未能在 4 秒内将球踢出，则应判由对方在原地点踢间接任意球。

决议：为了区别直接与间接任意球，当判罚间接任意球时，裁判员应单臂上举过头，并保持这种姿势直至球踢出后被其他队员踢或触及亦或成死球时为止。

（九）累积犯规

1. 累积犯规的原则适用于规则（犯规与不正当行为）中提到的第 1 ～ 第 11 项犯规，这些犯规的判罚为直接任意球。而其他犯规不计入累积犯规的范围。当某队累积犯规 5 次后，再犯规被判罚直接任意球的一律判第二罚球。被判罚间接任意球的不应判第二罚球。

2. 每队在每半场的首 5 次累积犯规将记录在比赛摘要内。

3. 每队在每半场首 5 次犯规被判罚的直接任意球，允许队员排人墙防守。

4. 由第六次累积犯规起，被判罚直接任意球不可排人墙防守。

（1）除守方守门员及主踢任意球的队员外，所有其他队员须留在球场内，且在一条经过球而平行于球门线的假想横线之后，并离球 5 米。

（2）守方守门员必须留在己方罚球区内且离球至少 5 米。

（3）攻守双方队员必须离球 5 米及不能妨碍对方队员踢任意球。任何队员都不能超越穿过球的假想平行线，直至恢复比赛为止。

（4）主踢任意球的队员必须直接射门而不能传球给其他同伴。

（5）当任意球踢出后，任何队员都不能触球，直到球由守门员触及，或由球门柱或横梁反弹回来，或已成死球。

（6）根据规则规定，任意球不能在距离球门线不足 6 米处踢出。当一个通常情况下会被判罚间接任意球的犯规在罚球区内发生，此任意球须在距犯规地点最近的 6 米线上踢出。

（7）一个队如在半场时间内累积犯规 5 次后，任何该队队员如在本方半场内，介于球门线和通过 9 米处第二罚球点平行球门线的假想横线之间的区域内再犯规时，判由对方踢直接任意球。踢任意球的对方队员须申明是选择犯规地点亦或第二罚球点踢任意球。

（8）一个队累积犯规 5 次后，若该队队员在对方半场或在己方半场通过第二罚球点平行于球门线的假想横线前犯规，则判由对方在第二罚球点踢直接任意球。

（9）如比赛须打加时赛，所有在下半场的累积犯规都将在加时赛中继续实行累积。

罚 则

1. 守方队员，如球未罚中应重罚。

2. 除主罚队员外的攻方队员，如球罚中无效，应重罚。

3. 主罚队员在球赛恢复后犯规，应由对方队员在犯规地点踢间接任意球。

（十）罚球点球

罚球点球应从罚球点上踢出。明确主罚队员后，除该队员和对方守门员外，其他队员均应在场内及该罚球区外，并至少离球 5 米。对方守门员必须站在两门柱之间的球门线上（双脚可以移动），直至球踢出为止。主罚队员必须将球向前踢出，在球未经其他队员踢或触及前，不得再次触球，当球滚动后即为恢复，罚球点球可以直接射门得分。

当在比赛中执行罚球点球，以及在上半场或全场比赛终了时，延长时间执行或重踢罚球点球时，如踢出的球触及门柱或触及横梁或触及守门员或连续触及门柱、横梁或守门员而进入球门，只要没有犯规现象发生，均应判进球有效。

罚　则

1. 守方球员，如球未罚中应重罚。

2. 除主罚队员外的攻方队员，球罚中无效，须重罚。

3. 主罚球点球的队员在比赛恢复后犯规，应由对方队员在罚球点踢间接任意球。

（十一）踢界外球

当球的整体在地面或空中越出边线时，应由出界前最后触球队员的对方队员，在球出界处把球踢入场内任何方向。踢球时，该队员的双脚须踩在边线外，而且球须放定在边线上。当球滚动比赛即为恢复。踢球队员在球未经其他队员踢或触及前，不得再次触球。而对方队员在球踢出前，应离球至少 5 米。踢界外球不能直接入门得分。

罚　则

1. 如球不按规定方法踢入场内，则由对方队员在原处踢界外球。

2. 如球不在其出界处踢入场内，则由对方在原出界处踢界外球。

3. 如踢界外球的队员在拿到球后未能在 4 秒内将球踢出，则由对方踢界外球。

4. 如踢球队员踢球入场后，在球未经其他队员触及前再次触球，则判由对方在犯规地点踢间接任意球。若犯规地点在罚球区内，则球在 6 米线上离犯规地点最近的一点踢出。

（十二）掷门球

当球的整体不论在空中或地面从球门外越了球门线，而最后触球者为攻方队员，应由守方守门员在本方罚球区内，将球掷出罚球区外，可以直接掷过中线。

当球出罚球区后，比赛即为恢复。

当球掷出后在罚球区外掷球一方的半场内被其他队员踢或触及，这一掷球才算符合规则。掷门球时，对方队员在球被掷出罚球区前，都应站在该罚球区外。

罚　则

1. 守门员掷球后，在本方罚球区内球被本方或对方队员踢或触及，裁判员应判罚重掷门球。

2. 如果守门员将球掷出罚球区后，球未经其他队员踢或触及前再次触球，应判由对方在犯规地点踢间接任意球。

3. 如果守门员掷门球后，守门员接到同队队员的回传球并用手触球或控球，应判由对方踢间接任意球。该任意球在距守门员犯规地点最近的6米线上踢出。

（十三）角　球

当球的整体在空中或地面从球门外越出球门线，而最后触球者为守方队员，应由攻方队员踢角球。球应放在角球区域内踢出。

踢球队员的对方队员在球未进入比赛状态时，即球未流动前，须距球至少5米。踢角球队员在球未经其他队员触及前，不得再次触球。

角球可直接踢入球门得分。

罚　则

1. 若角球未按规定方法踢出，应重踢。

2. 踢角球的队员在球未经其他队员触及前再次触球，应判由对方在犯规地点踢间接任意球。

3. 如果踢角球的队员在掌握球后4秒内仍未将球踢出，应判由对方在角球点上踢间接任意球。

（十四）有关以互踢球点球决胜的规定（在淘汰赛中决出胜负）

若比赛赛成平局，需以互踢球点球的方式决出胜负时，应按下列规定执行。

1. 主裁判选定一个球门进行罚球点球。

2. 主裁判以投币方式决定何队先踢。

3. 两队各派5名不同球员轮流踢5球。这5名队员应由双方队长在罚球点球前，报告给裁判员，而且应是在赛前提交给裁判员的10名队员名单中的5名。

4. 如两队踢完首轮5球后，双方进球数相同或均无进球，则应按相同顺序继续踢球点球，直至双方踢球次数相等（不一定须再踢5球），而一队比另一队多进1球时为止。

5. 在上述情况下，即第一轮5球后的额外罚球，应由剩余的5名队员继续踢。只有当队中的每个队员都踢过后，第三款所规定的队员才可进行新一轮的互踢球点球。

6. 在比赛中被罚出场的队员不得参加踢罚球点球。

7. 任何有资格参加踢罚球点球的队员均可与守门员互换位置。

8. 以互踢球点球决胜负时，所有队员都应集中停留在非踢球点球的半场。第二裁判员负责管理这一半场及在该半场的队员。

二、7 人制足球比赛规则

（一）比赛场地

长度：最长 75 米，最短 45 米；宽度：最长 56 米，最短 28 米。在比赛场地内，禁区是以 9 米为半径向场内画一弧线与门柱两边的球门线相连的区域。点球点距球门线中点垂直距离为 8 米。中圈是以球场中心为中心，半径为 9 米的圆。

（二）队员人数

一场比赛应由两队参加，每队上场队员不得多于 7 人，其中必须有 1 人为守门员。如果比赛前任何一队队员少于 5 人或在比赛中队员被罚出场致使场内队员少于 5 人时，该场比赛队员少的队为弃权，对方 2∶0 胜；如对方净胜球数超过 2 个，则按实际比分计。每场比赛准许换 3 人。

（三）队员装备

运动员上场不准穿钢钉球鞋，队员服装统一，号码必须固定，队长戴袖标。

（四）比赛时间

1. 某队迟到 5 分钟以上按自动弃权处理，本场裁判有权判该队本场比赛 0∶2 失败。

2. 比赛时间分为 2 个 30 分钟相等的半场。在每半场，比赛因各种原因损失的所有时间应被扣除。在每半场比赛结束时，如因执行罚点球，应允许延长时间执行罚完点球为止。

3. 上下半场之间的休息时间不得超过 10 分钟。

4. 半决赛及决赛，若在比赛时间内不能决出胜负，立即进行点球决战。

（五）犯规与不正当行为

裁判员认为，如果队员草率地、鲁莽地或使用过分的力量在双方进行争抢或对方队员控制球时实施铲抢，被视为严重犯规，判给对方直接任意球，可根据犯规严重情况给予黄牌警告或罚出场。这条规则是和 11 人制规则最大的区别，说明 7 人制足球运动对于不论从各方向进行的铲球只要动作过大、力量过分都进行判罚。原则上不允许铲抢。

（六）任意球、点球、界外球、球门球、角球、越位

1. 任意球

任意球有直接任意球和间接任意球两种。直接任意球直接入门得分，间接任意球直

接入门不算得分，除非球入门前碰对方或本方队员进门可算得分。

罚球程序：

（1）将球放定在犯规地点。

（2）对方队员距球至少8米。

（3）球被触动后即算比赛开始。

罚　则

（1）球在踢出前对方进入距球9米以内范围，裁判员应该罚球延至符合规则规定后再开出，对进入9米内的对方球员给予警告。

（2）球踢出后没有碰到本方队员或对方队员、踢任意球者再次触球示为重踢，判给对方在原地点踢间接任意球。

（3）裁判员认为，罚球队员有意拖延比赛时间，可出示黄牌，并判对方在原地点发球。

踢间接任意球：

在本方禁区内踢任意球，球要出罚球区比赛才算开始。在对方罚球区内踢任意球，球应放在距犯规地点最近的罚球区线上进行。

2. 点　球

在助跑过程中，用假动作迷惑对方踢点球作为足球比赛的一部分是可以的。但是，在踢点球队员一旦完全停止跑动，用假动作踢球被视为违反规则，属于非体育行为，裁判员必须出示黄牌警告该队员。

在踢罚球点球前，裁判员必须明确如下。

（1）踢球点球队员。

（2）球正确码放在罚球点上。

（3）守门员站在两个球门柱之间的球门线上，面向主罚队员。

（4）除主罚队员和防守方守门员外的其他队员应在：① 罚球区外。② 罚球弧外。③ 在球的后面。

3. 界外球

提请裁判员注意，在掷界外球时守方队员与掷界外球队员所在位置可能不足2米。如果需要，在掷界外球前，裁判员必须提醒那些距离过近的守方队员。如果仍然有违规的队员裁判应给予警告，并以掷界外球重新开始比赛。

如果一名队员使用正确的掷球动作，但却故意将球掷在对方队员身上，为的是可以第二次触球，不过他掷球时没有使用草率的、鲁莽的或过分的力量，裁判员必须允许比赛继续。

如果掷界外球直接进入对方球门，裁判必须判罚球门球。如果掷界外球直接进入本方球门，裁判员应判对方罚角球。

如果球在进入场地前触到了地面，只要程序正确，应由同一队在同一位置掷界外球，除非球正确掷出后触到场地的线上。如果界外球不是按正确程序掷出，则由对方掷界外球。

4. 球门球

如果一名队员正确地将球踢出罚球区后，未经其他队员接触而再次触球，裁判员应令对方在触球地点罚间接任意球。无论如何，如果踢球门球的队员在球出罚球区后用手触球，裁判员必须判罚直接任意球，如果需要应予以纪律处罚。

在球未出罚球区前，如果有对方队员进入罚球区并被守方队员犯规，根据具体犯规情况对犯规队员警告或罚出场，仍然以球门球重新开始比赛。

5. 角 球

提醒裁判员注意，在角球踢出前，守方队员必须处在距角球弧不少于 9.15 米的位置上。当需要时，裁判员在角球踢出之前必须口头警示任何近于规定距离的队员，如果随后仍然有违反者则必须被警告。

如果踢角球的队员在未经其他队员触球前再次触球，裁判员应判对方在第二次触球地点以间接任意球重新开始比赛。

如果一名队员正确地踢出了角球，但却故意将球踢到对方队员身上，为的是第二次触球，他既没有使用草率的，也没用使用鲁莽的或过分的力量，裁判员必须允许比赛继续。

踢角球时，球必须放在角球弧内，当球被踢出时比赛即为开始，因此，球必须要离开角球弧才算开始比赛。

6. 越 位

（1）对攻方队员"更接近对方球门线"的定义为：头、躯干和脚的任何部分比球和对方最后第二名队员更接近球门线，手臂不包含在内。

（2）"干扰比赛"是指参与传递或触到同队队员传来及触到的球。

（3）"干扰对方"是指队员通过明显的阻挡对方视线，或移动或做出裁判员认为有可能欺骗及干扰对方队员的姿势或移动，以达到阻止对方争抢球或可能争抢球。

（4）"在越位位置获得利益"是指在越位位置接到从球门横梁或立柱反弹回来的球，或在越位位置接到从对方队员身上反弹回来的球。

（七）纪律及处罚条例

1. 在比赛中发生打架或对裁判、对方球员恐吓的球员或领队，按情节严重给予处罚，严重者取消本次赛会比赛资格。球员个别打架，立即被出示红牌。双方球员打群架，比赛立即结束，本场比赛无成绩，各记零分。

2. 在比赛中，如对裁判执法不满可于赛后及时照会仲裁委员会，切不可做出不理智之行动。

3. 领红牌或同场两张黄牌者须自动停赛 1 场。

4. 球队要在比赛前 10 分钟到场，球队负责人在比赛前 5 分钟要将参赛证交由当值裁判核对。

5. 赛会有权保留修订赛例之权利，不另行通知。

6. 参加之球队及领队负责人对以上之规定必需在赛前承诺一切责任。

（八）互踢点球决胜的规定（淘汰制点球决胜办法）

互踢点球程序

1. 由比赛结束时场上的各 5 名队员全部轮流踢。在踢满 5 次前，有一方已明显超过另一方时，比赛结束，进球多的队胜。

2. 踢完第一轮尚未决出胜负的，继续由场上队员轮流踢，在踢球次数相同的情况下，谁进球多谁胜（不用踢满 5 次）。

三、足球比赛中的裁判手势

【教学目标】

通过视频介绍和图示，知道足球比赛中的裁判手势。

【内容提示】

1. 直接任意球——单臂侧平举，明确指示踢球方向。

2. 间接任意球——单臂上举，掌心向前。此手势应持续到球踢出后，并被场上其他队员触及或成死球时为止。

3. 球门球——单臂向前斜下举，指向执行球门球的球门区。

4. 角球——单臂斜上举，指向执行角球的角球区。

5. 罚球点球——单臂向前斜下举，明确指向执行罚球点球的罚球点。

6. 示意继续比赛——队员犯规后，裁判员运用有利条款而不判罚时，应给以继续比赛的手势：双臂前举，手臂向前稍做连续挥动。

7. 罚令队员出场和进行警告——对队员罚令出场或警告时，分别出示红、黄牌。使用红、黄牌时，应一手持牌直臂上举，面向被处分队员，有短暂时间的停顿，使场内外均能看清是对哪名队员进行处分。

主裁判员的手示，见图3－1－1。

图3－1－1

助理裁判员的旗示，见图3－1－2。

图3－1－2

第二单元　掷界外球

　　规则规定，队员将球踢出边线后由对方在球出界地点掷界外球。掷界外球是组织进攻的开始，动作简单，但如果掷球远、准，就能很好地掌握和利用进攻机会，给对方造成极大威胁，特别是在对方发球区附近掷界外球，由于第一个接球人不受越位规则限制，更便于进行有效的进攻战术。本单元重点教学助跑掷界外球。

助跑掷界外球

【教学目标】

1. 学习助跑掷界外球，使学生了解助跑掷界外球动作的相关知识，初步体验助跑掷界外球的技术动作。

2. 采用游戏与比赛相结合的形式，使学生快速形成助跑掷界外球的技术动作。提高掷球技能，发展身体素质和全身协调用力的能力。

3. 树立安全意识，养成遵守纪律、安全锻炼的习惯。

【动作方法】

身体面对球出界的地点和出球方向，双手持球于胸前。在助跑迈出最后一步时，上体后仰成背弓，同时两臂屈肘将球上举至头后，掷球时的动作与原地掷界外球动作相同。注意要缓冲助跑的冲力，以免后脚离地违例。（图 3-2-1）

图 3-2-1

【动作要点】

胸前持球来助跑，上体后仰成背弓，双手持球于头后，蹬地收腹臂前摆，用力甩腕将球掷，两脚不得离地。

【教学重难点】

1. 教学重点：动作方法正确。

2. 教学难点：动作连贯、协调用力。

【教学建议】

1. 组织学生复习原地掷界外球技术。

2. 教师示范讲解，使学生明确动作要领。

3. 组织学生无球或有球模仿练习，体会动作要领和方法。

4. 2人1组，相距8～10米，助跑掷界外球练习。

5. 找优生示范，给同伴树立榜样。

6. 助跑掷界外球比远比赛。

7. 助跑掷界外球与头顶球射门组合练习。

8. 教学中注重引导学生观察、体会、思考掷球时的全身协调用力。

9. 助跑掷界外球时，最后一步要稍大，两臂用力要均匀，并充分发挥腰、腹和手腕的力量。

10. 采用练习与比赛相结合的形式来激发学生的学习兴趣。

【易犯错误及纠正】

1. 远距离掷球时，易出现两臂不均匀而形成单臂掷球的错误动作。

纠正方法：发展上肢力量、腰腹力量、腿部力量和身体的协调性，在练习中逐渐协调掷球动作。

2. 助跑掷界外球时，易出现动作脱节和掷球后身体过分随前形成单脚离地。

纠正方法：加强垫步练习和助跑与掷球动作的衔接。适当地加大两脚的距离来控制身体向前冲。

【注意事项】

1. 科学、合理布置练习场地，渗透安全练习意识。

2. 采用游戏和比赛的形式，注重激发学生的练习兴趣。

3. 教学中注重养护教育。

【巩固与拓展】

足球游戏

［游戏名称］ "炸碉堡"。（图3－2－2）

［游戏目的］

1. 复习、巩固助跑掷界外球技术，提高掷球远度与准确性，发展身体素质和全身协调用力的能力。

2. 树立安全意识，养成听从指挥的良好习惯。

［游戏方法］

将学生分成人数相等的 4 组，按东、南、西、北 4 个方位以横队形式站在投掷线后，面向碉堡。游戏开始，以组为单位，听口令依次将球掷向碉堡，根据球落入的区域来计分，碉堡中心位置为 5 分，往外依次为 4 分、3 分、2 分，各组队员每人掷 1 次，累计得分为本组成绩，组与组之间得分多者为胜利。游戏可反复进行（投掷距离根据学生能力设定）。

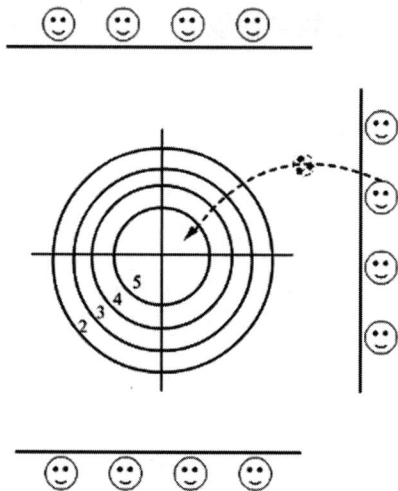

图 3－2－2

［游戏规则］

1. 游戏时，运用助跑掷界外球技术来掷球。

2. 球掷出界不计分，球压线按低分区来计分。

3. 听口令统一捡球，树立安全意识。

4. 诚实守信。

【评价要点】

1. 学生助跑掷界外球时助跑与掷球动作衔接紧密。

2. 界外球掷得远且准。

3. 与同伴合作默契，集体意识强。

第三单元　停　球

停球技术动作在足球运动中运用很广泛、很普遍，是必须学会的一项基本技术。停球是用身体的合理部位将球控制在自己所需的范围内，停球的方法包括脚部、腿部、胸部、腹部和头部。无论哪种停球方法，都由 3 个环节组成，即判断来球速度、路线、落点；缓冲来球力量；为衔接下一个动作做好准备。该项技术有助于培养学生沉着、冷静、机智的意志品质。本单元重点教学脚内侧停空中球、脚背正面停空中球和胸部挺胸停球，并在此基础上体验胸部收胸停球的动作方法。

一、脚内侧停空中球

【教学目标】

1. 初步学习脚内侧停空中球动作，使学生了解脚内侧停空中球动作的相关知识，体验脚内侧停空中球的技术动作。

2. 采用小组合作的教学方法，使学生能够停住来自不同高度的球，初步形成脚内侧停空中球的技术动作。发展学生下肢力量，提高身体的灵敏性及控球能力。

3. 提高学生对时间、空间的判断意识及同学间相互合作意识。

【动作方法】

脚内侧接停空中球时支撑腿的技术与停地滚球相同，当球落入自己的控制范围之内的时候，接球腿根据球的高度适当抬起。如果足球从上向下落时，脚内侧向上接踢球的正下方，在球与脚内侧接触的瞬间，踝关节适度紧绷，向下卸下皮球的力量。然后让球自然下落在自己身前的控制范围内。（图3-3-1）

图3-3-1

【动作要点】

落点、力量判断准，迎球需用脚内侧，先迎后撤放松接，将球停住控制稳。

【教学重难点】

1. 教学重点：触球部位正确。

2. 教学难点：迎球、撤球时机准确。

【教学建议】

1. 2人1组，先复习学过的停地滚球技术动作。

2. 教师强调脚内侧停空中球的身体姿态和触球瞬间的卸力过程，并进行示范。

3. 学生分组进行练习，1人抛球，1人做停球练习，教师在练习中进行指导评价，纠正错误动作。

4. 邀请掌握效果好的学生进行展示教学，通过学生模仿、小组交流等形式促进学生间的共同提高。

5. 在此基础上，练习停中、远距离、较大力量和不同方向的来球。

6. 在小场地比赛中体验脚内侧停空中球技术。

【易犯错误及纠正】

1. 停球时判断不好来球的落点，站位过远或过近影响正确的触球部位。

纠正方法：近距离、慢速互抛互停反复练习，提高学生时间、空间判断能力。

2. 触球时，停球脚的踝关节过于紧张，不利于缓冲，球停得离身体过远。

纠正方法：讲清动作要领并反复做后撤缓冲的模仿练习，强调踝关节放松；采用抛停气不太足的球来练习，降低停球难度。

【注意事项】

1. 科学、合理布置练习场地，渗透安全练习意识。

2. 遵循由易到难的教学原则，注重满足不同学生的学习需求。

3. 采用多种练习形式，注重激发学生的练习兴趣。

【巩固与拓展】

足球游戏

[游戏名称]"停球大比拼"。（图3-3-2）

[游戏目的]

1. 巩固脚内侧接停空中球技术，发展学生下肢力量，提高身体的灵敏性及控球能力。

2. 提高学生对时间、空间的判断意识及同学间相互合作意识。

[游戏方法]

将学生5人分为1组，其中1人站在圆心处准备接停来自队友的抛球，其余4人各

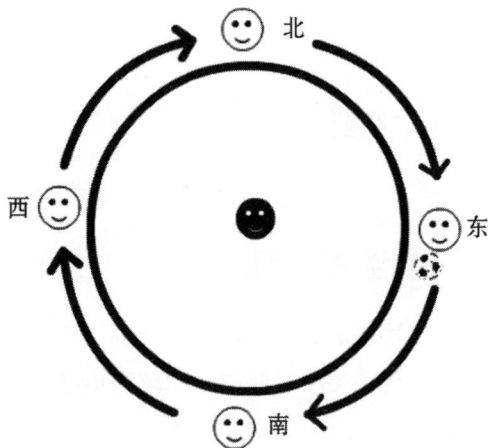

图3-3-2

持 1 球按东、南、西、北 4 个方向站在半径为 3~4 米的圆上。游戏开始，停球队员按顺时针方向，采用脚内侧停空中球技术将球停住并回传给队友。每人 8 次机会，停球成功次数多者为胜。

[游戏规则]

1. 游戏时，停球队员用脚内侧停空中球技术来停球。

2. 抛球队员的 2 次抛球路线要有变化。

3. 诚实守信，公平竞争。

【评价要点】

1. 脚内侧停空中球时，动作放松、自然、协调连贯。

2. 学生停球时能够主动迎球并缓冲将球控制在自己控制范围内。

3. 抛球、停球时 2 人合作得好，集体意识强。

二、脚背正面停空中球

【教学目标】

1. 初步学习脚背正面停空中球动作，使学生了解脚背正面停空中球动作的相关知识，初步体验脚背正面停空中球的技术动作。

2. 采用小组合作的教学方法，使学生初步形成脚背正面停空中球的技术动作。发展学生下肢力量，提高身体的灵敏性及控球能力。

3. 提高学生对时间、空间的判断意识及同学间相互配合意识。

【动作方法】

停球前，身体面对来球，支撑腿微屈，维持身体平衡。停球腿屈膝抬起，小腿前伸主动迎球，用脚背正面接触球的底部。当脚背触球前的一刹那，小腿下撤以缓冲来球的力量，同时膝关节和踝关节放松，将球停留在体前适当的位置。（图 3-3-3）

图 3-3-3

【动作要点】

面对来球先站稳，屈膝抬腿伸小腿，脚背正面触球底，膝踝放松小腿撤，将球停在身体前。

【教学重点难点】

1. 教学重点：迎、撤球的时机。
2. 教学难点：迎、撤球的时机。

【教学建议】

1. 教师强调脚背正面停空中球的身体姿态和触球瞬间的卸力过程，并进行示范。
2. 引导学生模仿停球动作，体会动作方法。
3. 学生自抛自停练习，体会迎球下撤时机。
4. 2人1组，1人近距离抛球，另1人用正确的部位停球。练习一定次数后，2人交换练习。
5. 在此基础上做不同速度的抛球停球练习。
6. 邀请掌握效果好的学生进行展示示范，促进学生间的共同提高。
7. 在掌握动作的基础上，注意适当增加难度的练习。
8. 练习脚背正面停球时可用实心球或充气不足的足球来练习。

【易犯错误及纠正】

1. 踝关节紧张，不能较好地缓冲来球力量。

纠正方法：多做停实心球的练习。

2. 停球脚下撤过早或过晚。

纠正方法：反复做自抛自停练习，体会迎球下撤时机。

【注意事项】

1. 科学、合理布置练习场地，渗透安全练习意识。
2. 遵循由易到难的教学原则，注重满足不同学生的学习需求。
3. 采用反复练习形式，加深肌肉记忆。

【巩固与拓展】

足球游戏

［游戏名称］"停球比多"。（图3-3-4）

[游戏目的]

1. 巩固脚背正面停空中球技术，发展学生下肢力量，提高身体的灵敏性及控球能力。

2. 提高学生对时间、空间的判断意识及竞争意识。

[游戏方法]

将学生分为人数相等的 2 组，分别站在内圆与外圆上并且一一对应。游戏开始时，外圈队员将球抛向内圈队员，内圈队员运用脚背正面停空中球技术将球停稳并回传给抛球队员后，按逆时针方向轮换抛球队员，每成功 1 次计 1 分，轮换 1 圈后统计成功次数，本组队员累计相加为本组最终成绩。之后抛球、停球队员角色互换，每组得分多者为胜利。

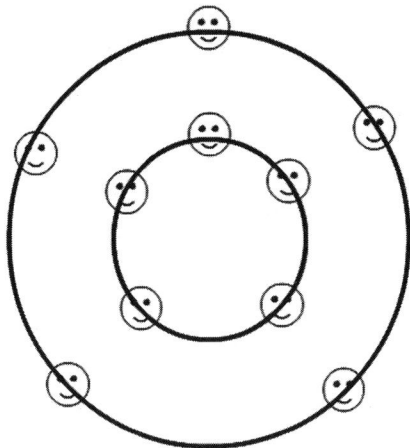

[游戏规则]

1. 游戏时，停球队员用脚背正面停空中球技术来停球。

2. 抛球队员的抛球力量、弧度要适当。

3. 诚实守信，公平竞争。

图 3 - 3 - 4

【评价要点】

1. 脚背正面停空中球时，动作放松、自然、协调连贯。

2. 学生停球时能够主动迎球并缓冲，将球控制在自己控制范围内。

3. 抛球、停球时 2 人合作得好，集体意识强。

三、胸部挺胸停球

【教学目标】

1. 初步学习胸部挺胸停球动作，使学生了解胸部挺胸停球动作的相关知识，初步体验胸部挺胸停球的技术动作。

2. 采用小组合作的教学方法，使学生能够停住来自不同速度的球，初步形成胸部挺胸停球的技术动作。发展学生下肢力量，提高身体的协调性及控球能力。

3. 提高学生对时间、空间的判断意识及同学间相互合作意识。

【动作方法】

挺胸停球时，身体正对来球，两脚前后开立，两膝微屈，上体后仰，重心落在两脚之间，两臂自然张开，微收腹。当球运行到胸部接触的刹那间，两脚蹬地，胸部上挺、憋气，使球触胸后向前上方弹起，改变运行方向然后落于体前。（图3－3－5）

图3－3－5

【动作要点】

面对来球判落点，前后开立体后仰，展胸收腹肩后引，上挺触球微弹起，改变方向落体前。

【教学重点难点】

1. 教学重点：胸部触球。
2. 教学难点：触球的一瞬间缓冲来球力量。

【教学建议】

1. 引导学生体验尝试胸部停球动作。
2. 教师示范并强调胸部挺胸停球的身体姿态和触球瞬间的卸力过程。
3. 引导学生模仿停球动作，体会动作方法。
4. 学生自抛自停练习，体会触球的一瞬间缓冲来球力量。
5. 互相停抛练习，1人抛球，另1人用正确的部位停球。练习一定次数后，2人交换练习。
6. 在掌握动作的基础上，注意适当增加难度的练习。
7. 邀请掌握效果好的学生进行展示示范，促进学生间的共同提高。
8. 初学胸部挺胸停球时可用充气不足的足球来练习。
9. 在小场地比赛中体验胸部挺胸停球技术。

【易犯错误及纠正】

1. 对球在空中的位置选择不准确，未能用正确部位接触球。

纠正方法：多做自抛自停练习，反复体会触球部位。

2. 身体后仰时仰头。

纠正方法：多做模仿练习，强调目视来球。

【注意事项】

1. 科学、合理布置练习场地，渗透安全练习意识。

2. 遵循由易到难的教学原则，注重满足不同学生的学习需求。

3. 采用多种练习形式，注重激发学生的练习兴趣。

【巩固与拓展】

足球游戏

[游戏名称]"截住空中球"（图3－3－6）。

[游戏目的]

1. 巩固胸部挺胸停球技术，发展学生身体的灵敏、协调等身体素质。

2. 激发学生的练习兴趣，培养学生灵敏反应能力。

[游戏方法]

将学生分为3人1组，1人为抢截队员站在相距5~7米的2条平行线之间任意位置，其他2人为传球队员，分别站在2条线后，其中1人持球。游戏开始，持球队员双手将球抛给队友，队友须在线后用手接球，抢截队员在对方将球抛出后，通过快速移动采用胸部挺胸停球技术将球截住得1分，失败不得分。每人6次机会，累计得分，3人轮换角色进行，得分多者胜利。

图3－3－6

[游戏规则]

1. 游戏时，用胸部挺胸停球技术来截球。

2. 传球队员必须站在线后抛接球。

3. 截球队员不受2条线的约束。

4. 争抢时，传球队员不能冲撞截球队员。

技能拓展

在掌握胸部挺胸停球的基础上，启发、引导学生进胸部收胸停球的技能拓展练习。

［拓展内容］"胸部收胸停球"。

收胸停球时，身体正对来球，两脚前后开立，两臂自然张开，重心前移，挺胸迎球。当球运行至胸部接触前的刹那，重心迅速后移，收胸、收腹以缓冲来球力量，将球停于体前。（图3－3－7）

图3－3－7

［练习方法］

1. 复习、巩固胸部挺胸停球技术。

2. 启发学生体验胸部收胸停球技术动作。

3. 教师示范讲解并引导学生模仿停球动作，体会动作方法。

4. 自抛自停练习。

5. 互抛互停练习。

6. 先练习停近距离和轻力量来球，再练习停中、远距离和较大力量的来球。

7. 熟练掌握停球技术后，可增加难度练习。

8. 在练习时，可按学生掌握技术水平的程度分组，并对其提出不同的要求。

【评价要点】

1. 学生停球时能够正确运用胸部来停球。

2. 停球动作协调连贯、自然放松。

3. 学生合作默契，配合意识强。

第四单元 抢截球

抢截球技术是指防守队员对持球的进攻队员所运用的一切防守技巧。从动作过程来分析，由判断选位、上步抢截、衔接动作等环节构成。抢截球是球员个人防守的主要手段，也是全队防守的基础。本单元重点进行正面抢截球和侧面抢截球的教学。

一、正面抢截球

【教学目标】

1. 学习正面抢截球，使学生了解正面抢截球动作的相关知识，初步体验正面抢截球的技术动作。

2. 采用小组合作的练习形式，提高学生实战意识，使学生快速形成正面抢截球的技术动作，发展学生协调、灵敏等身体素质，锻炼下肢力量。

3. 培养学生对小足球运动的兴趣，树立安全意识及合作意识。

【动作方法】

正面抢截球是对手运球从正面而来时所采用的方法。其动作方法是两脚前后开立，膝微屈，身体重心下降并落在两脚间，面向对手。对手运球前进，当脚触球即将着地或刚着地时，支撑脚立即用力蹬地，抢球脚以脚内侧对正球并屈膝向球跨出，挡住球的正面支撑脚立即前跨，上体前倾保身体平衡，把球控制住。（图3－4－1）

图3－4－1

【动作要点】

判断准确选好位，重心灵活出脚快，先挡再跨要站稳，抢球成功控制好。

【教学重难点】

1. 教学重点：判断抢截球时机。
2. 教学难点：抢截球方法正确。

【教学建议】

1. 教师示范讲解，组织学生做模仿动作练习，正面抢截球可做跨步抢球模仿动作。
2. 利用静止实心球做抢截球动作练习。
3. 2人对面站立，相距4~5米，中间放实心球，听教师哨声同时上一步做消极抢球练习。体会上步抢球，重心前移和脚接触球的部位。提示不要用力过猛，防止受伤。
4. 2人1组，在慢速的运球中进行抢截球练习。
5. 在对抗条件下，采用比赛的形式进行实战练习。
6. 坚决制止胡踢乱抢和违反规则的抢截球方法，以免在抢截球时发生伤害事故。
7. 加强安全教育。

【易犯错误及纠正】

抢球失败主要是抢球时机掌握不准，其次是方法不当。

纠正方法：时机不准要从理论上讲清楚，弄明白。其他则应分析其产生错误的关键所在。选位不当可与运球人一起进行运球摆脱和站位阻截的练习，以提高选位意识。时机不准要求在练习时加强对球的判断，即球没动或对方已将球踢出时，不要伸腿。方法不当的可多做抢球的模仿练习。

【注意事项】

1. 科学、合理布置练习场地，尽量避免相互影响。
2. 教学中加强安全教育，坚决制止胡踢乱抢和违反规则的抢球方法。

【巩固与拓展】

足球游戏

［游戏名称］"冲过封锁线"。（图3-4-2）
［游戏目的］

1. 复习、巩固正面抢截球技术，提高实战中的抢断能力，发展力量、灵敏、协调等各项身体素质。

2. 激发学生的练习兴趣，树立安全意识及合作意识。

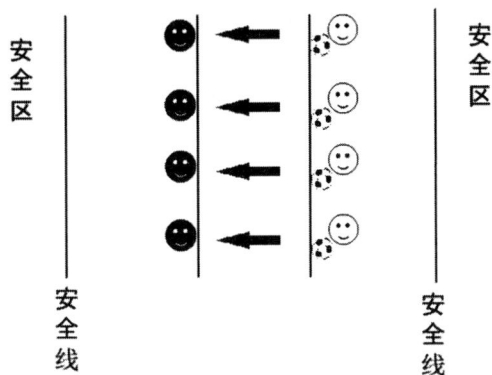

安全区 安全线 安全区 安全线

图 3 - 4 - 2

[游戏方法]

将学生分成人数相等的 2 组，相距 10 米左右横排面站好，进攻队每人持 1 球。教师吹哨后运球通过对面防守人，在防守队背后 10 米处划 1 条安全线，运球通过安全线即为胜利。2 队互换攻守，看哪队通过封锁线的人多。

[游戏规则]

1. 防守队员必须运用正面抢截球技术来抢。

2. 抢截球时注意安全。

3. 诚实守信，公平竞争。

【评价要点】

1. 学生参与练习兴趣与主动性程度。

2. 学生是否基本掌握正面抢截球的动作方法。

3. 学生是否具有团队精神、合作学习意识、竞争能力。

二、侧面抢截球

【教学目标】

1. 学习侧面抢截球，使学生了解侧面抢截球动作的相关知识，初步体验侧面抢截球的技术动作。

2. 采用练习与比赛相结合的形式，提高学生实战意识，使学生快速形成侧面抢截球的技术动作。发展学生协调、灵敏等身体素质，锻炼下肢力量。

3. 培养学生对足球运动的兴趣，树立安全意识及合作意识。

【动作方法】

侧面抢截球是对手快速运球推进时，防守队员与之平行跑动或从其背后追上成平行跑时所采用的抢球方法。动作方法是当与对手并肩跑动时，身体重心稍下降，同对方接触的臂要紧贴身体。当对方靠近自己一侧的脚离地时，用肘关节以上部位，冲撞对方相应部位，使对方向外侧倒斜而暂时失去身体平衡又离开了球，乘机将球抢过来。（图3－4－3）

图3－4－3

【动作要点】

抢球时机判断准，手臂贴身合理撞，对方失控乘机抢，抢球成功控制好。

【教学重难点】

1. 教学重点：运用正确的抢截球方法。
2. 教学难点：判断抢截球的时机。

【教学建议】

1. 教师示范讲解，组织学生做模仿动作练习，侧面抢截球可做无球慢跑的合理冲撞练习。

2. 利用静止球做抢截球动作练习。

3. 在慢速的运球中进行抢球练习。

4. 在对抗条件下，采用比赛的形式进行实战练习。

5. 坚决制止胡踢乱抢和违反规则的抢球方法。要先向学生进行教育，特别要强调侧面抢截球时的冲撞要合理，不要抬脚过高抢球等，以免在抢球时发生伤害事故。侧面抢截球可做跨步抢球模仿动作。

6. 加强安全教育。

【易犯错误与纠正】

1. 掌握不好冲撞的时机。

纠正方法：两人慢跑中冲撞，练习抢球的时机。

2. 冲撞后重心不会随之侧移，以致身体侧倒，重心不稳。

纠正方法：练习冲撞时脚步移动的方法；在直径1米的圆内做合理的冲撞练习；1人慢速运球，另1人抢截。

【注意事项】

1. 科学、合理布置练习场地，尽量避免相互影响。

2. 教学中加强安全教育，坚决制止胡踢乱抢和违反规则的抢球方法。

【巩固与拓展】

足球游戏

［游戏名称］"抢走球宝宝"。（图3-4-4）

［游戏目的］

1. 复习、巩固正面（侧面）抢球技术，提高实战中的抢截球能力。发展力量、灵敏、协调等各项身体素质。

2. 激发学生的练习兴趣，树立安全意识及合作意识。

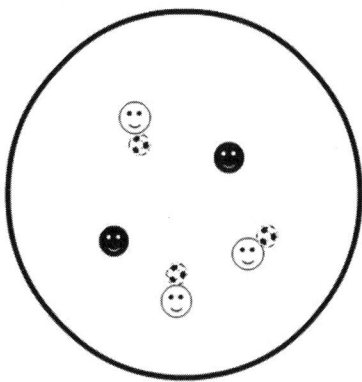

图3-4-4

［游戏方法］

将学生分成5人1组，站在直径为7~9米的圆内。游戏开始，其中3人在圈内运球，另外2人运用正面（侧面）抢球技术在圈内抢球，丢球后即成为抢球人，依次进行。在规定时间内抢球成功次数多者为胜。

［游戏规则］

1. 丢球后不能马上抢自己刚丢的球。

2. 积极抢球、护球；抢、运球不能出圈。

3. 抢截球时注意安全。

技能拓展

在掌握正面（侧面）抢截球技术的基础上，启发、引导学生体验铲球的动作方法。铲球是抢截技术中难度较大的一种，一般是在对手越过自己或自己离球较远时采用。

［拓展内容］

● 铲　球

1. 同侧脚铲球。当运球者超越后，在其拨出球的一刹那，抢球者远离对方的脚（异侧脚）用力后蹬成跨步，身体后仰，同侧脚以脚外侧沿地面向侧前方对球滑出，用脚背或脚尖将球踢出或捅出。接着小腿外侧、大腿外侧、臀部和手依次着地缓冲，并顺势向铲球脚一侧翻转起身。

2. 异侧脚铲球。当运球者超越后，在其拨出球的刹那，抢球者同侧脚用力后蹬地成跨步，异侧脚以脚外侧沿地面向侧前方对球滑出，用脚底将球蹬出。接着小腿外侧、大腿外侧、臀部和手依次着地缓冲，并顺势向铲球脚一侧翻转起身。

［练习方法］

1. 引导学生了解铲球动作技术。

2. 教师示范讲解并引导学生模仿铲球动作，体会动作方法。

3. 组织学生 2 人 1 组，做同（异）侧脚铲球动作，体会动作要领，逐步加快速度、加强对抗。

【评价要点】

1. 学生参与练习的兴趣与主动性程度。

2. 学生是否基本掌握侧面抢球的动作方法。

3. 学生的团队精神、合作学习意识、竞争能力。

第五单元　射　门

经过低年级的学习，学生对射门技术有了一定认识，在中年级进一步学习射门技术，提高学生射门意识。本单元重点进行脚背内侧射门、脚背外侧射门、脚背正面射门教学。

一、脚背内侧射门

【教学目标】

1. 初步学习脚背内侧射门技术，使学生了解脚背内侧射门的动作方法和特点，能在比赛中初步应用脚背内侧射门的技术动作。

2. 采用多样的练习、游戏、比赛等方法，使学生初步形成脚背内侧射门技术动作。发展学生下肢力量，提高身体协调性。

3. 培养学生射门时沉着、冷静、果断等良好品质，感受射门成功的喜悦。

【动作方法】

踢定位球时，斜线助跑，助跑方向与出球方向约成 45 度角。支撑脚外侧积极着地，踏在球的侧后方 25~30 厘米处，膝关节微屈，足尖指向出球方向，身体稍向支撑脚一侧倾斜并转向出球方向。大腿带动小腿积极前摆，当膝关节摆到接近球内侧垂直方向时，小腿加速前摆，同时足尖稍外转，脚面绷直，脚趾扣紧，足尖指向斜下方，以脚背内侧击球的后中部。（图 3 - 5 - 1）

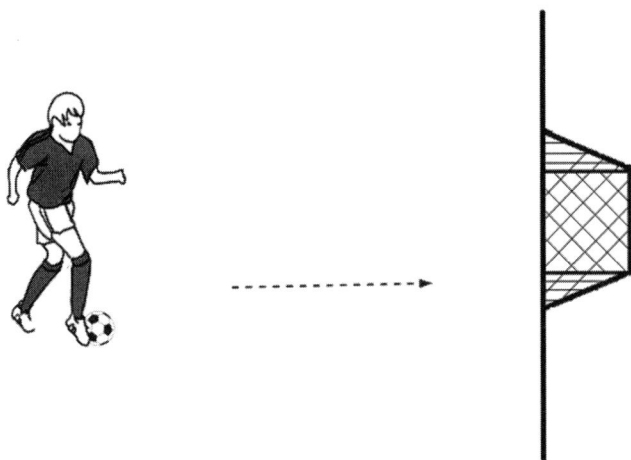

图 3 - 5 - 1

【动作要点】

斜线助跑 45 度，脚踏球侧后 25~30 厘米处，脚背内侧踢球后中部。

【教学重难点】

1. 教学重点：支撑脚的位置和脚触球部位。

2. 教学难点：踢球腿的摆动。

【教学建议】

1. 原地和上 1 步踢球模仿练习，体会支撑脚的位置，身体向支撑脚一侧倾斜。

2. 助跑踢球的模仿练习，体会助跑方向和弧形摆腿的路线、方法和两腿的配合。

3. 2 人相距 10 米，互相踢球练习。

4. 2 人相距 10 米，中间摆放标志桶当作球门，要求踢出的球从小门通过。

5. 2 人相距 15~20 米，中间拉 1 根横绳，让踢出的球在横绳上方通过。

6. 距球门 15~20 米，踢定位球练习。

7. 学生自己运球到距球门 15 米左右处射门练习。

8. 距球门 15~20 米，学生接同伴传球射门练习。

【易犯错误及纠正】

1. 助跑的方向不对，支撑脚的位置偏后，易把球踢高。

纠正方法：用线标出助跑方向和支撑脚的位置进行练习。

2. 踢球脚脚尖外转不够，接触球部位不正确。

纠正方法：踢定位实心球练习，在脚背内侧贴标识，强调脚触球的部位。

3. 没有直接向出球方向摆腿，形成向内侧划弧摆动，折体弯腰。

纠正方法：多做模仿练习，强调立足后转体，摆动腿向出球方向摆动。

【注意事项】

1. 脚背内侧射门由于助跑方向、支撑脚站位的灵活性较大。踢球时易于切入球的底部，可以控制球的高度、弧度和落点，球在空中画出一道弧线，酷似香蕉的形状，故又称香蕉球。

2. 脚背内侧射门是足球基本技术中的脚背内侧踢球，教学方法和注意事项可参考脚背内侧踢球。但要让学生了解传球和射门在比赛中的不同要求。

3. 脚背内侧射门适用于中、远距离射门，学生要根据能力调整射门距离。

4. 教学中要结合球门练习，通过增加守门员提高射门难度。

【巩固与拓展】

足球游戏

[游戏名称] 踢"九宫"。（图3-5-2）

[游戏目的]

1. 练习脚背内侧射门，提高射门的准确性。

2. 培养学生的射门意识和沉着、果断的品质。

4	2	4
3	1	3
2	1	2

图3-5-2

[游戏方法]

将学生分为人数相等2组，2组学生距球门5~8米处轮流射门，射到球门不同区域，获得相应分数，每人的分数相加，在规定时间内得分高的组为胜。

［游戏规则］

1. 在规定位置射门，不能随意变动。

2. 注意安全，统一捡球。

【评价要点】

1. 学生参与练习的兴趣与主动性程度。

2. 学生是否了解脚背内侧射门的动作方法并初步运用。

3. 学生射门意识、合作学习意识、竞争能力、自信心。

二、脚背外侧射门

【教学目标】

1. 初步学习脚背外侧射门技术，使学生了解脚背外侧射门的动作方法，能初步应用脚背外侧射门的技术动作。

2. 通过踢实心球、射门比赛等形式，使学生初步形成脚背外侧射门技术动作。发展学生灵敏、协调、力量素质。

3. 提高学生的射门意识，培养学生良好的心理素质。

【动作方法】

直线助跑，速度和距离要适宜，支撑脚踏在球侧方约一脚远，脚尖对准出球方向。踢球时，支撑腿的膝关节微屈，重心稍下降，摆动腿膝关节弯曲，使脚外侧对准球，以小腿膝关节为轴，积极前摆，脚腕保持紧张，用脚外侧触球的后中部，将球踢出。踢球后，随球跟进。（图 3 - 5 - 3）

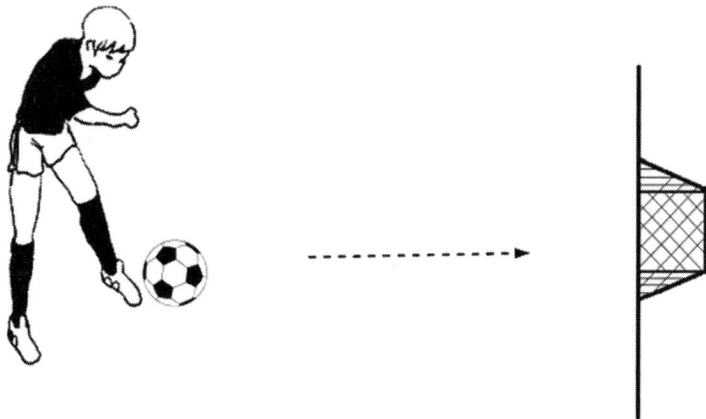

图 3 - 5 - 3

【动作要点】

支撑脚站位准，踢球脚绷直，用脚外侧触球中后部。

【教学重难点】

1. 教学重点：脚外侧对准球。
2. 教学难点：射门有力。

【教学建议】

1. 原地模仿练习，体会摆动腿脚面绷直、脚尖内转的踢球动作。
2. 上步模仿练习，体会支撑脚站位与摆腿踢球的配合。
3. 原地轻踢实心球，体会脚触球部位。
4. 2人相距10米进行面对面踢球练习。
5. 2人相距15~20米相对站立，中间放相距3米的标志杆，练习踢弧线球，使踢出的球从标志杆外侧绕过。
6. 分组固定球射门练习。
7. 传球与射门相结合练习。

【易犯错误及纠正】

1. 踢球时膝关节和足尖内转不够，造成脚触球的部位不正确。
纠正方法：反复踢定位实心球练习，体会足尖内转动作。
2. 身体左转（或右转），小腿的摆动不够，造成直腿用脚背外侧去推球。
纠正方法：踢定位实心球练习，强调屈膝摆动，要求用脚背外侧触球的后中部。

【注意事项】

1. 脚背外侧射门具有较强的隐蔽性，用脚的外侧用力踢球的侧底部，射出的球会带有很强的弧线，守门员对这种球很难判断。但是这种射门动作难度稍大，很难准确控制球的方向。
2. 教学遵循循序渐进原则，先踢定位球，然后踢地滚球、弧线球，针对学生的问题及时纠错。
3. 练习应注意左右脚交替进行。

【巩固与拓展】

足球游戏

[游戏名称]"隔山打牛"。（图 3 - 5 - 4）

[游戏目的]

1. 巩固脚背外侧射门技术，提高弧线球准确性，发展学生下肢力量素质。

2. 培养认真思考的学习习惯和胆大心细的良好品质。

[游戏方法]

将球放在距球门 15 ~ 20 米处，球门与球之间放置一根标志杆。将学生分为人数相等的 2 队，2 队轮流用脚背外侧射门的方式射门，绕过标志杆进入球门得 3 分，碰到标志杆入门得 1 分，最后以累计得分高队为胜。

图 3 - 5 - 4

[游戏规则]

1. 球、杆、球门在一条线上，不能随意移动球的位置。

2. 必须用脚背外侧射门动作踢球。

【评价要点】

1. 学生在学习过程中认真学习、积极练习。

2. 学生是否了解脚背外侧射门的动作方法并初步运用。

3. 学生不怕困难，不断挑战自我。

三、脚背正面射门

【教学目标】

1. 初步学习脚背正面射门技术，使学生了解脚背正面射门的动作方法和特点，能在比赛中初步应用脚背正面射门的技术动作。

2. 采用多样的练习、游戏、比赛等方法，使学生初步形成脚背正面射门技术动作。发展学生下肢力量，提高身体协调性。

3. 培养学生勇敢、机智、果断等良好品质，以及学会与他人合作的良好社会适应能力。

【动作方法】

直线正面助跑，支撑脚踏在球侧约 15 厘米左右。脚尖正对出球方向，膝关节微屈，两臂自然张开。当支撑脚踏地同时，摆动腿以髋关节为轴，大腿带动小腿迅速前摆，脚背绷紧，以脚背正面击球的后中部。击球的一刹那，踝关节绷紧用力，脚跟提起，脚尖下指，脚面绷直，将球踢出。球踢出后，身体随球跟进。（图 3-5-5）

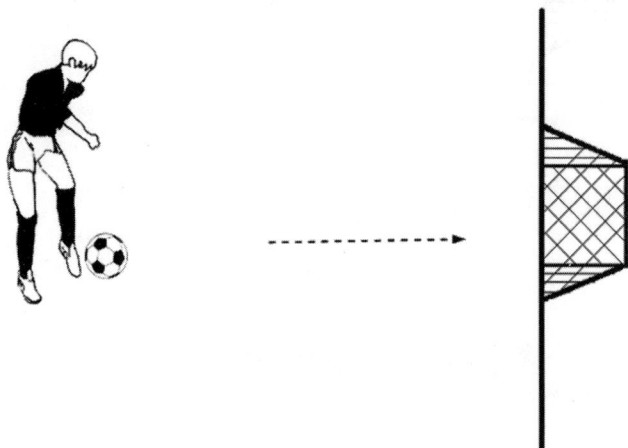

图 3-5-5

【动作要点】

支撑脚的位置，踢球腿的摆动和脚触球的部位准确。

【教学重难点】

1. 教学重点：助跑路线，脚触球部位。
2. 教学难点：支撑脚的位置，踢球腿的摆动速度。

【教学建议】

1. 通过无球模仿、有球体验，使学生了解脚背正面射门的动作方法。
2. 对墙练习，先踢定位球，反弹后将球接稳再踢；逐渐过渡到接反弹球直接射门。
3. 1 人守门，练习人站在不同角度踢定位球射门。
4. 从指定地点向球门运球，接近指定区域射空门。
5. 2 人 1 组，传接球配合射门练习。

【易犯错误及纠正】

1. 射门不准，不是高就是偏。

纠正方法：射高主要是脚触球的部位偏低，脚尖上跳。射偏主要是支撑脚不稳，脚触球部位偏左或是偏右。纠正方法是脚踢球的部位要正确。方法是 1 人扶球，另 1 人做脚背正面踢球的模仿练习；或 1 人抛球，另 1 人练习踢球，体会脚触球的正确部位。

2. 射门无力。

纠正方法：射门时要求大腿发力，带动小腿，加速摆动，增加踢球射门的力量。同时，加强身体素质的训练，提高腿部、腰部的力量。

【注意事项】

1. 脚背正面射门力量大、准确性高，运用最广，是射门脚法的基础脚法。射正面、斜侧、转身等地滚球；又如横扫、摆、弹、抽、倒勾等射凌空球。

2. 脚背正面射门与脚背正面踢球基本相同，只是摆动腿大腿带动小腿前摆速度快、幅度大、击球力量大。

3. 脚背正面射门技术需要有较好的球性和身体素质。学生间存在个体差异，教师应对不同水平的学生有针对性地指导。

【巩固与拓展】

足球游戏

［游戏名称］射门积分赛。（图 3 - 5 - 6）

［游戏目的］

1. 巩固脚背正面射门技术，提高从不同角度射门的能力。
2. 培养学生射门的意识和临门一脚的随机应变能力。

[游戏方法]

在球门线 15 度、45 度、90 度角距球门 10 米远画 5 个点，每点 1 个足球，将学生分为 2 队，轮流射门，每人迅速将 5 个点的球射进门内，每进 1 球得 1 分，累计得分，最后以得分多的队为胜。

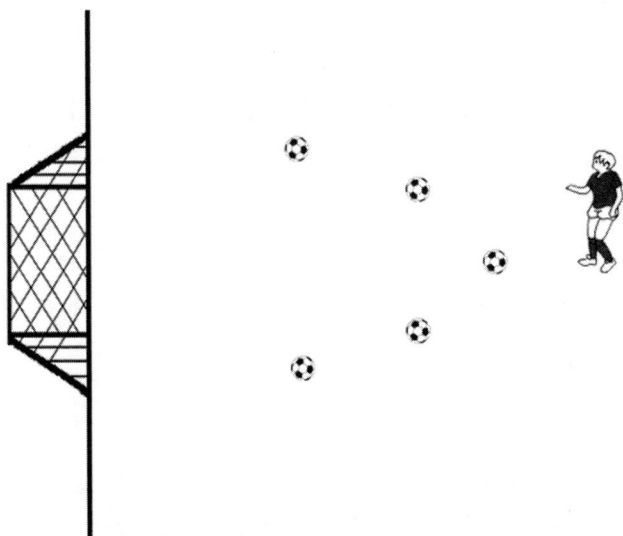

图 3 - 5 - 6

[游戏规则]

1. 用脚背正面射门，不得移动球的位置。

2. 射门要快、要准，机智、果断。

技能拓展

[常用训练方法]

1. 定位球。（图 3 - 5 - 7）

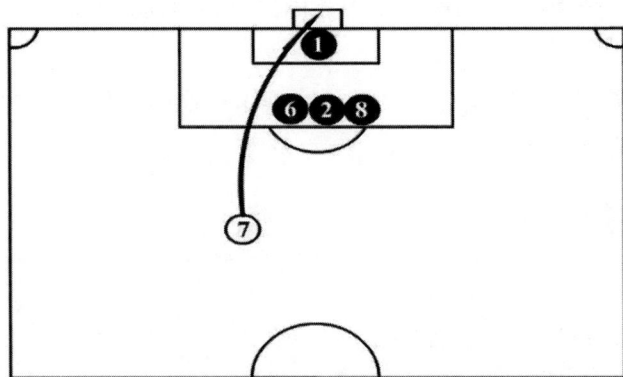

图 3 - 5 - 7

2. 二过一射门。（图 3 – 5 – 8）

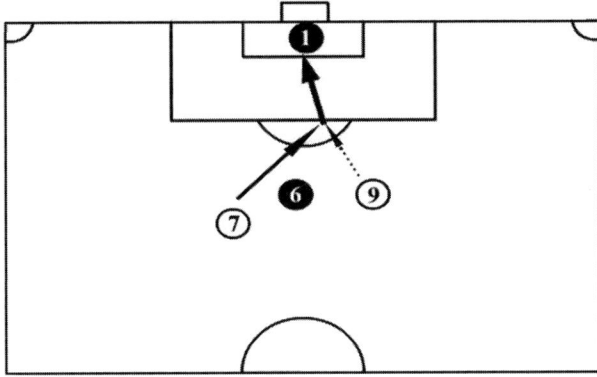

图 3 – 5 – 8

3. 抢点射门。（图 3 – 5 – 9）

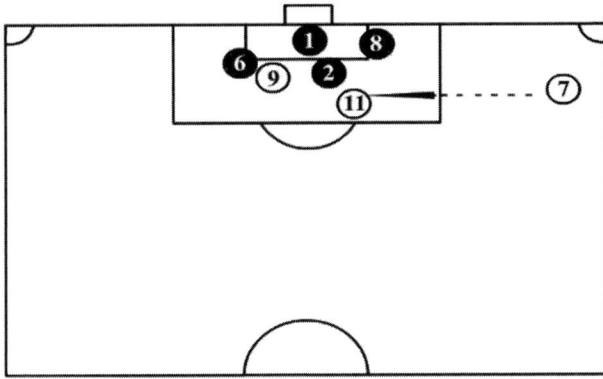

图 3 – 5 – 9

4. 远射。（图 3 – 5 – 10）

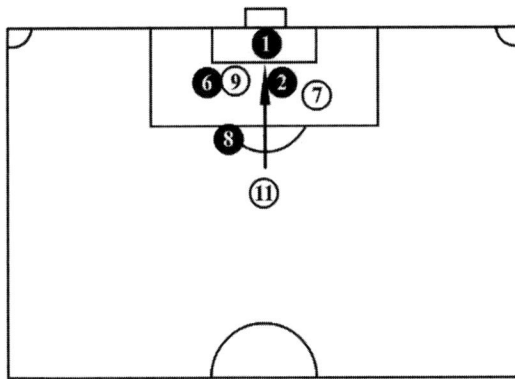

图 3 – 5 – 10

5. 头球射门。(图 3 – 5 – 11)

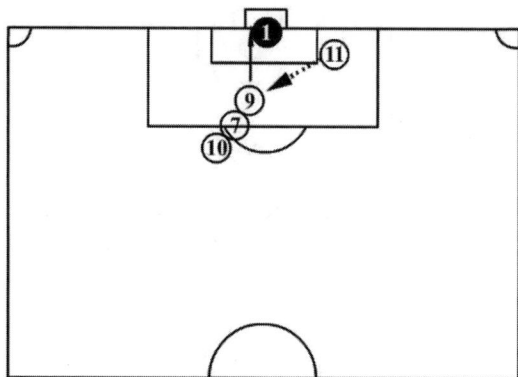

图 3 – 5 – 11

【评价要点】

1. 学生参与练习的兴趣与主动性程度。

2. 学生是否了解脚背正面射门的动作方法并初步运用。

3. 学生射门意识、合作学习意识、心理素质的增强程度。

第六单元 头顶球

头顶球是指学生有目的地用前额将球击向预定目标的动作方法，是足球的重要基本技术，主要是为了在比赛中争取时间，取得空中优势。它可以不等球落地，直接用头来处理空中的球。头顶球技术由判断与选位、蹬地与身体摆动、头触球和触球后的身体动作4个环节组成。顶球的准确性取决于头触球的部位和用力方向。出球的力量大小，取决于来球的力量、顶球的时间、头触球的部位及全身的协调用力。头顶球在比赛中可以进行传球、射门和抢断、解围。本单元重点进行原地向前顶球和跳起向前顶球的教学，并在此基础上体验原地向侧顶球和跳起向侧顶球的动作方法。

一、原地向前顶球

【教学目标】

1. 学习原地头顶球技术，使学生了解原地向前顶球动作的相关知识，体验原地向前顶球的技术动作。

2. 采用游戏和比赛的形式，使学生快速形成原地向前顶球的技术动作。发展力量、灵敏、协调等各项身体素质。

3. 培养学生勇敢、顽强、拼搏、竞争等优良品质。

【动作方法】

原地向前顶球时，两脚用力蹬地，两腿用力伸直，上体由后向前快速摆动，借助腰腹及颈部力量，用前额将球顶出。（图3－6－1）

图3－6－1

【动作要点】

正对来球颈放松，上体后仰快前摆，注视来球前额顶，足球顶得快又准。

【教学重难点】

1. 教学重点：头触球的部位。
2. 教学难点：上体后仰前摆及顶球的时机。

【教学建议】

1. 原地向前顶球技术的教学重点与难点应放在头触球的部位；上体的后仰前摆及顶球的时机等环节。初步体会顶球动作方法后，应强调借助腿蹬地力量和顶球后的随前等动作的要领。

2. 在练习步骤上，先做模仿顶球动作，体会动作方法，再自抛自顶，互抛互顶。先练习原地顶球，再练习跳起顶球。

3. 学生在初学顶球时，一般都有恐惧心理，闭眼、缩脖，不敢主动迎球，甚至低头等球落在头上。因此，开始练习时，采取互抛互顶的方法，往往由于抛球路线不合适，很难体会顶球的动作结构。可先采取原地顶吊球或同伴手托举的球，着重体会用力顺序，触球点及触球时间。

4. 顶球练习时间不宜过长，头部连续顶球容易疲劳，可变换练习手段，调节负荷。

5. 教师及时运用鼓励性语言对学生进行评价。

【易犯错误及纠正】

1. 上体不后仰，只用头侧摆动，顶球无力。

纠正方法：将球悬吊在身后适当的高度，用头部触球做顶球模仿练习。要求上体后仰，挺胸展腹，收腹转体，反复练习。

2. 顶球过早或过晚。

纠正方法：先做原地顶悬吊球练习，然后做一抛一顶练习，反复体会顶球用力时机。

3. 顶球时闭眼，缩脖，不敢主动迎球。

纠正方法：反复练习顶悬吊球，要求颈部紧张，目迎目送球。

【注意事项】

1. 科学、合理布置练习场地，渗透安全练习意识。

2. 采用游戏和比赛的形式，注重激发学生的练习兴趣。

3. 教学中注重养护教育。

【巩固与拓展】

足球游戏

[游戏名称]"头顶球比多"。（图3-6-2）

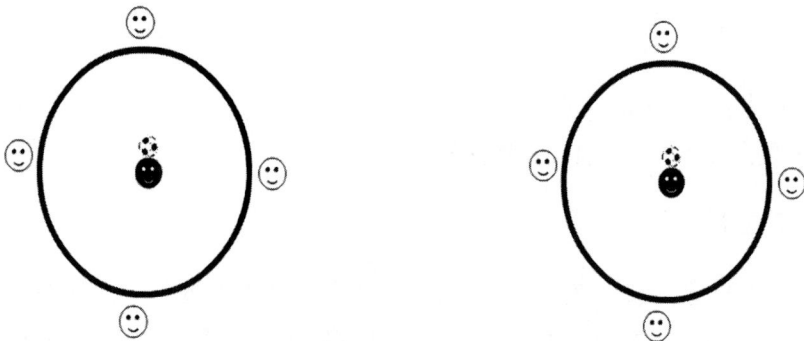

图3-6-2

[游戏目的]

1. 复习、巩固原地头顶球技术，发展力量、灵敏、协调等各项身体素质。

2. 激发学生的练习兴趣，培养团结、友爱、拼搏、竞争等优良品质。

［游戏方法］

将学生分成人数相等的若干组，每组由 1 人开始做头部颠球，其他人计数，1 人做完后，换另 1 人进行，直至每人做 1 次为止。累计每组顶球次数，次数多者为胜。

［游戏规则］

1. 必须用原地头顶球技术来颠球。

2. 诚实守信，公平竞争。

技能拓展

在掌握原地向前顶球的基础上，启发、引导学生体验原地向侧顶球的动作方法。

［拓展内容］"原地向侧顶球"。

原地向侧顶球时，顶球前，向顶球方向的同侧腿向前跨一步，两膝微屈，身体重心放在后腿上，上体和头稍向异侧倾斜并转体约 45 度角，两眼注视来球，两臂自然张开。顶球时后腿蹬地，上体和头向出球方向迅速扭转，屈体甩头，在与出球方向同侧肩的前上方，用额骨侧面将球顶出。（图 3 - 6 - 3）

图 3 - 6 - 3

［练习方法］

1. 复习、巩固原地向前顶球技术。

2. 启发学生体验原地向侧顶球动作。

3. 教师示范讲解并引导学生模仿顶球动作，体会动作方法。

4. 顶固定球或吊球练习，重点体会触球部位。

5. 互抛互顶练习。

6. 先练习顶近距离和轻力量的来球，再练习顶中、远距离和较大力量的来球。

7. 3 人 1 组，站成三角形。1 人抛，1 人顶，1 人接，反复练习。

8. 熟练掌握顶球技术后，进行顶球与射门结合练习。

【评价要点】

1. 学生参与练习的兴趣与主动性程度。

2. 学生是否基本掌握原地向前顶球和向侧顶球的动作方法。

3. 学生团队精神、合作学习意识、竞争能力的增强程度。

二、跳起向前顶球

【教学目标】

1. 学习跳起头顶球技术，使学生了解跳起向前顶球动作的相关知识，体验跳起向前顶球的技术动作。

2. 采用反复练习的形式，使学生加深顶球时的肌肉记忆，快速形成跳起向前顶球的技术动作。发展力量、灵敏、协调等各项身体素质。

3. 培养学生对足球的兴趣，享受获得成功的喜悦。

【动作方法】

跳起向前顶球时，当跳到最高点并在来球接近身体垂直线时，收腹、摆头，用前额将球顶出。（图3-6-4）

图3-6-4

【动作要点】

起跳准确，体成背弓，屈体甩头，落地缓冲。

【教学重难点】

1. 教学重点：头触球的部位。

2. 教学难点：上体后仰、前摆及顶球的时机。

【教学建议】

1. 先复习原地顶球，再学习跳起顶球。

2. 在练习步骤上，先做模仿顶球动作，体会动作方法，再进行自抛自顶、互抛互顶练习。

3. 示范时要轻松自如，以便消除学生顶球时的恐惧心理。要预先选好抛球人，掌握好抛球的弧度。示范时要突出摆体、甩头。讲解时要强调眼睛注视来球的作用。

4. 2人1组，相距4~6米，互抛互顶。主要体会跳起后头部触球的正确部位，并做到移动选位，迎击顶球。

5. 加助跑顶球时，应强调最后一步落地要展体，并略后仰。助跑起跳顶球时，应强调最后一步重心要低、步子稍大，使踏跳力量垂直向上。

6. 顶球练习时间不宜过长，头部连续顶球容易疲劳，可变换练习手段、调节负荷。

【易犯错误及纠正】

1. 顶球点选择不准，顶不到球或只用头蹭到球。

纠正方法：先做助跑顶悬吊球，然后做助跑顶高抛球练习，或者做助跑顶树叶练习，反复体会顶球时机。要求对球的运行路线判断准确。

2. 蹬地摆体与甩头动作配合不协调。

纠正方法：原地顶低悬吊球练习，待动作熟练后做顶高吊球练习，或者一抛一顶练习，体会蹬地摆体与甩头动作的协调配合。

【注意事项】

1. 科学、合理布置练习场地，渗透安全练习意识。

2. 教学中注重养护教育。

【巩固与拓展】

足球游戏

[游戏名称] "顶来顶去"。（图3－6 －5）

[游戏目的]

1. 复习、巩固头顶球技术，提高技术综合运用能力。发展力量、灵敏、协调等各项身体素质。

2. 培养学生团结合作，在游戏中拼搏

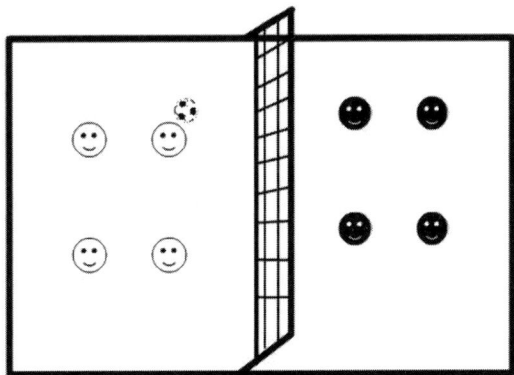

图3－6－5

进取、永争第一的足球精神。

[游戏方法]

羽毛球场地1块,将学生分成人数相等的2队(红队、黄队),每队4人,分别站在各自半场。游戏开始,红队队员将球抛向黄队场地,黄队队员运用头顶球技术将球顶回红队场地,红队队员再组织进攻将球顶到黄队场地,如此往返进攻,当一队出现顶球失误,另一队可得1分。得分队再次向对手抛球,游戏继续进行,哪队先得到7分即为单局获胜,比赛采用3局2胜制,每局结束双方交换场地。

[游戏规则]

1. 正确运用头顶球技术。

2. 球在自己半场,队员间可以相互顶球但必须在4次之内将球顶向对方半场,超过4次视为顶球失败,对方得1分。

3. 顶球不过网或出界,对方得1分。

4. 诚实守信、公平竞争;团结协作、永争第一。

技能拓展

在掌握跳起向前顶球的基础上,启发、引导学生体验跳起向侧顶球的动作方法。

[拓展内容]"跳起向侧顶球"。

跳起向侧顶球时,起跳动作与前额正面跳起顶球的动作相同。在跳起上升的过程中,上体侧屈,侧对来球,在跳到最高点顶球时,急速转体甩头,用额骨侧面将球顶出。顶球后,两膝微屈缓冲落地。(图3-6-6)

图3-6-6

[练习方法]

1. 复习、巩固跳起向前顶球技术。

2. 启发学生体验跳起向侧顶球动作。

3. 教师示范讲解并引导学生模仿顶球动作,体会动作方法。

4. 顶固定球或吊球练习,重点体会触球部位。

5. 互抛互顶练习。

6. 先练习顶近距离和轻力量的来球，再练习顶中、远距离和较大力量的来球。

7. 8～10人1组，围成半径5～6米的圆圈。中间人持球按顺或逆时针方向向圆圈上的人抛球，规定顶球人用前额侧面将球顶传给其他人，反复进行。

8. 头顶球射门练习。学生站在罚球区的一侧，跑动中顶教师从另一侧抛来的球射门。

【评价要点】

1. 学生参与练习的积极性与主动性。

2. 学生是否基本掌握跳起向前顶球和向侧顶球的动作方法。

3. 学生团队精神、合作学习意识、竞争能力的增强程度。

第七单元　守门员技术

　　守门员是一支足球队伍重要的一员，他常常作为球场上防守的终点和进攻的起点。守门员技术是指守门员在其所在位置所运用的技术，守门员通过适当的选位、准备姿势、移动，根据球场的形式可以运用接球、扑球、拳击球、托球、掷球、抛踢球在内的多种技术。守门员的练习和选拔有别于其他位置的学生，他需要学生保持冷静、机智、果断，并能随机应变。通过对守门员技术的学习可以培养学生的果断和机智的良好品质。小学阶段除了学习守门员准备姿势、如何选位和如何移动外，一般还会进行守门员接球技术的学习，常见的守门员接球技术有接地滚球、接平直球、接半高球和接高球。

一、选　位

　　根据对方球的位置，选择的站位应该在球与2个球门柱形成角的平分线上。根据对方与球门的距离，决定站位是靠近球门还是靠近对方。当对方运球逼近或近射时，守门员应及时果断出击前迎，以便缩小射门角度或扑脚下球。当对方远射时，可适当靠前站，但要防备对方吊射。当对方在对方半场组织时，守门员可以前移到大禁区弧顶位置，可以有效遏制对方的长传。当对方控球推进到中前场时，守门员可选择点球点附近站位，在保证能够及时回位的情况下尽量扩大活动范围。（图3－7－1）

图 3 - 7 - 1

二、准备姿势

两脚左右分开站立与肩同宽，两膝弯曲，脚跟稍提起，重心置于身体中间，上身挺直稍前倾。（图 3 - 7 - 2）

图 3 - 7 - 2

三、移　动

为了更好地截获和接住对方传球和射门，守门员必须根据球和人的位置变化而随时调整自己的位置。向左右移动时，一般采用侧滑步或交叉步两种步伐。

侧滑步：向左（右）侧滑步时，先用右（左）脚向右（左）用力蹬地，同时左（右）脚稍离地面向左（右）滑步，右（左）脚快速跟上，并立即成准备姿势，眼睛注视来球。

交叉步：向左（右）侧做交叉步时，身体先向左（右）侧倾斜，同时右（左）脚向右（左）用力蹬地，并快速向左（右）前方跨出一步，成交叉步，接着左（右）脚向左（右）侧移动，并蹬地跃出。（图 3 - 7 - 3）

图 3 - 7 - 3

四、接 球

（一）接地滚球

【教学目标】

1. 使学生对守门员接地滚球的技术动作有所了解。

2. 采用练习法、游戏法的方式；发展学生的柔韧、灵敏、协调素质。

3. 提高学生对守门员的认识和兴趣。

【动作方法】

接地滚球技术主要用于来球是地面上的球时，有直腿式和单腿跪撑式两种方法。

● 直腿式接球时，两腿自然直立膝盖微屈，脚尖正对来球方向，上体前倾下腰，两臂自然下垂，两手手肘靠拢，小指靠近，手掌对球稍向前迎并提前放在球经过的路线上，两手接球的后底部。在手触球时，两手后引，屈肘、屈腕，两臂靠近将球抱于胸前。

● 单腿跪撑式接球，身体正对来球，两腿前后开立，前腿弯曲支撑体重，后腿跪守，膝盖接近地面，并靠近前脚脚踵，上体前倾，手臂下垂，手掌对准来球，稍向前迎，两手接球的后底部。在手触球的一刹那，两手后引，肘屈、屈腕，两臂靠近将球抱于胸前，然后起立。（图 3 - 7 - 4）

【动作要点】

支撑脚的位置、肘部的姿势和接球手的手形。

【教学重难点】

1. 教学重点：接球时提前屈膝下腰。

图 3 - 7 - 4

2. 教学难点：肘部贴近，接球时手形。

【教学建议】

1. 分别进行准备接球、接球时和抱住球的 3 种姿势练习。

2. 2 人 1 组进行手抛地滚球的接球练习。

3. 2 人 1 组进行脚内侧踢球的接球练习。

4. 对于技术掌握较好的学生可以进行脚背正面射门的接球练习。

5. 在比赛场景中的接球练习。

【易犯错误及纠正】

1. 接地滚球的准备姿势不正确。

纠正方法：先进行准备接球、接球时和抱住球 3 个姿势的练习。在掌握动作后，再进行有球的练习。并提示学生屈膝、下腰和手部的姿势。

2. 没有在接球前做好接球准备。

纠正方法：2 人 1 组，1 人抛地滚球，另 1 人提前做好接球姿势等球滚进手部控制范围。

【注意事项】

1. 守门员技术练习主要是让学生对这一部分进行了解与认识。

2. 接球时要提前做好接球姿势，并注意屈膝、下腰、并肘和手部动作。

3. 对于这部分技术掌握较好的学生，可以加大难度和进行实战中的练习。

【评价要点】

1. 学生参与练习的兴趣与主动性程度。

2. 学生是否了解守门员接地滚球的技术动作。

3. 学生接球意识、规则意识、合作学习意识、竞争能力的增强程度。

（二）接平直球

接平直球技术主要用于来球是低于胸部、高于地面这个范围时，平直球又分为低于胸部和齐胸高的 2 种。接低于胸部的平直球时，首先移动使身体正对来球，两脚左右开立，上体向前稍前倾，两臂并肘前伸，两手小指相靠，手掌对球。提前预判好球的落点，让球落入大臂和小臂之间。若来球太低，可先用双掌接球。当触球的一刹那，两臂随球后撤并屈肘、转腕，顺势将球抱于胸前。

接齐胸高的平直球时，先移动使身体正对来球，两脚左右开立，上体向前稍倾斜，两臂屈肘手指向上，手指微屈，手掌对球，两拇指相靠。提前预判好球的落点，让球落入大臂和小臂之间，触球瞬间，身体随球顺势屈臂后撤，转腕将球抱于胸前。若来球稍高于胸部，可以根据来球的位置和角度选择通过移动和跳起接来球。（图 3-7-5）

图 3-7-5

（三）接半高球

接半高球技术主要是用于来球高于胸部、低于双手张开可控制的范围时。首先通过移动使球在双手可以控制的范围内，两脚左右开立，上体向前稍前倾，正对来球时，两臂向前伸直，双掌正对来球方向，两大拇指相对，其他手指自然张开微屈。手掌在触球前适度紧张。当触球的一刹那，屈肘双手后引，顺势将球控制在胸前。（图 3-7-6）

图 3-7-6

(四) 接高球

接高球技术主要用于高空来球时。先对高球的运行轨迹做出正确判断,然后迅速移动到球的下坠点处,在确定可以接到球的时候,身体跳起,一条腿蹬地成直腿,另一条腿上抬屈膝,两臂上伸迎球,手掌对球,手指自然分开,两手拇指相对成"八"字形。在跳起最高点接球,当手触球的刹那,手指、手腕适当用力将球接住,并顺势屈肘,下引,转腕将球抱于胸前。(图 3 − 7 − 7)

图 3 − 7 − 7

五、拓展部分

(一) 扑 球

1. 扑两侧的低球

扑接左侧低球时,右脚迅速蹬地,左腿屈膝向左侧跨出一步,身体向左侧倾倒,左脚着地后,随之小腿、大腿、臀部、上体和手臂的外侧依次着地,同时两臂向球伸出,左手掌心正对来球,右手在左手前侧上方,两拇指靠近,手腕稍向里弯,触球后把球收回胸前,然后站起。(图 3 − 7 − 8)

图 3 − 7 − 8

2. 鱼跃扑地滚球

扑球时，屈膝降低重心，在身体向扑球方向侧倒的同时，同侧脚用力蹬地跃出，空中展体，两臂向球伸出，两拇指相对，手掌对球。手触球时，手指和手腕用力，以屈肘、扣腕的连续动作将球抱于胸前，同时屈膝团身。落地时以两手按球，前臂、肘、肩部、上体侧面、臀部、大腿、小腿依次着地。（图3-7-9）

图3-7-9

3. 扑接侧面平高球

身体重心移向靠近来球一侧的脚上，该脚用力蹬地向侧面跃出，身体展开，两臂向球伸出，两拇指靠近，手指自然张开，手掌对球。当手触到球时，以扣腕动作将球接住。落地时，两手按球，前臂、肘、肩部、上体侧面和下肢依次着地，同时屈肘、转腕，将球抱于胸前，并屈膝团身。（图3-7-10）

图3-7-10

4. 扑接脚下球

当对方带球逼近球门或近门处接球准备射门时，守门员应果断前迎，缩小对方射门角度。守门员在对方运控球时脚推拨球后，立即出击扑脚下球。扑球时两腿弯曲，重心降低，上体前倾，后脚用力蹬地，前脚屈膝向前跨出，使身体向侧或侧前倾倒，两臂向球伸出，两手靠近，手指自然分开接球。身体侧面着地，并屈腿团身，将球抱在胸前。（图3-7-11）

图 3 - 7 - 11

（二）拳击球

当门前出现高空球，并有对方队员争顶时，守门员为了避免接球脱手，可采用拳击球。一般可分为单拳击球和双拳击球两种方法。单拳击球时，先判断球的运行路线并确定击球点，助跑单脚起跳，屈肘握拳于肩前，击球前的刹那，快速出拳，以拳面击球。双拳击球时，判断来球并起跳，两臂屈肘握拳于胸前，两拳靠拢，拳心相对。在起跳接近最高触球点的一刹那，两拳同时快速出击，以双拳拳面将球击出。该动作接触球面积较大，准确性高，击球有力，多用于正面球或高空球。（图 3 - 7 - 12）

图 3 - 7 - 12

（三）托 球

托球多运用于弧度较大（往横梁方向）、力度较大或角度刁钻的射门，守门员接球把握不大或无法直接接到球时运用。起跳展体成弓背，单臂快速伸出，掌心向球，用手掌前部和手指用力向后上方或侧面托球，使球越过横梁或门柱。（图 3 - 7 - 13）

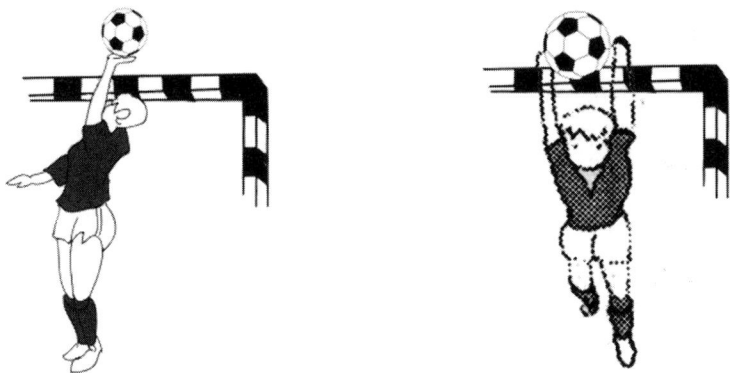

图 3 - 7 - 13

（四）掷 球

守门员在接球控制球权后，为了争取快速的攻守转换时机，常用手把球掷给同队队员。掷球动作快，便于改变方向，能较准确地控制球的落点。单手肩上掷球时，两脚前后屈膝开立，单手持球于肩上，身体侧转；利用后脚蹬地、转体、挥臂、甩腕的力量将球掷出。单手低手掷球时，两脚前后屈膝开立，单手持球于体侧；掷球时，持球手臂后摆，身体随之侧转成侧前屈，重心移到后脚上，利用后脚蹬地和挥臂、甩腕、手指拨球的力量向前掷出地滚球。侧身勾手掷球时，两脚前后开立，身体侧对出球方向，单手持球后引，同时重心随之移至前脚；当持球手臂由后经体侧沿弧线摆至肩上时，手腕和手指用力将球掷出，掷球手臂继续前摆，上体前倾，后脚向前迈出，以保持身体平衡。勾手掷球是掷球中力量最大的一种方法。（图 3 - 7 - 14）

图 3 - 7 - 14

（五）抛踢球

守门员把球直接传给距离较远的同队队员的技术动作。抛踢球又分踢自抛的下落空中球和踢自抛的反弹球两种方法。抛踢球的动作与脚背正面踢球基本相同，但要恰到好处，球向前上方飞出，保证其远度。（图 3 – 7 – 15）

图 3 – 7 – 15

第四篇　高年级部分（五至六年级）

第一单元　足球理论知识

本单元为高年级足球理论知识部分，共计8课时。其主要内容有足球场上的位置职责、7人制足球赛战术原则、9人制足球比赛规则、11人制足球比赛规则、比赛阵形和观看足球比赛。在高年级阶段会参加一些足球比赛，这就需要使学生明白足球场上各个位置的职责。小学阶段主要是以7人制足球比赛为主，这就需要学生了解7人制比赛中的战术原则。小学阶段参加的有些比赛是9人制足球比赛，这要根据参加比赛的实际情况来决定是否安排9人制足球比赛规则的教学。11人制足球比赛规则的学习有助于为今后参加11人制足球比赛做铺垫。本单元重点内容为足球场上的位置职责。

一、足球场上的位置职责

内容提示

注意7人制比赛与11人制比赛位置职责的区别，7人制比赛会有更多的要求。例如，7人制前锋有时候要包揽11人制的前锋、边锋跟前腰的职责；中场有时候要包揽边前卫、前腰、中前卫、后腰的职责；中后卫有时候要包揽后腰、自由中卫跟突前中卫的职责；边后卫有时候要包揽边后卫、边前卫、临时边锋的职责。

（一）边后卫

1. 防　守

边后卫的主要防守职责是防守边翼，并根据球的位置和教练员所布置的战术去行动。在战术上的任务如下。

（1）严防边路通道。防守对方的边锋或者进入边锋位置的其他队员，为此必须做到以下几点。

①占据有利位置

A. 站在内线，比对手更接近自己的球门。

B. 与对手保持适当的距离，保证上前能抢截球，转身向后能先于对手靠近球。

C. 将运球的对手往边路挤，以缩小其活动范围。

D. 在内线紧跟移动的对手（直至与同伴交换看守对象）。

②识别对手特点

A. 对善于运球突破的对手，要注意防守时与对手的距离。

B. 机动灵活采取防守手段。由于对手的进攻行动是变幻莫测的，而一旦识破对手的进攻意图就应该根据比赛的实际情况，果断地采取行动。

（2）封锁边路通道，保护球门免遭对手的攻击是防守的核心，也是边后卫的重要任务，为此必须做到以下几点。

①防守同侧边锋（包括临时边锋）时，可以采取"堵内放外"的原则，切断对手内切直达球门的通路。

②当对手突破自己而中后卫补位时，应积极地进行交叉补位，弥补中路空缺。

③对手在异侧边路进攻时，应该"放边保中"，随时弥补中卫防守上的漏洞和抢断对手长传转移球。

④对方在中路进攻时，在人球兼顾的前提下，适当向中路收缩，随时准备弥补中卫防守上的漏洞。

（3）参与制造越位。一般情况下，边后卫的位置不要落在自由中卫的后面，需要运用造越位战术时，边后卫压出应快，切忌因落在后面而导致造越位战术的失败。

2. 进　攻

提高边后卫的进攻质量对于确保攻守平衡和增强全队的进攻力量具有重要意义。

（1）迅速发动进攻。

（2）接守门员发球。

（3）参与中场的组织进攻。

（4）担当临时边锋。

（二）突前中卫（盯人中卫）

1. 防　守

（1）看守突前中锋。这是突前中卫的主要任务。为此必须以下几点。

①占据有利位置

A. 力争占据内线靠近球的一侧。

B. 与对手保持合适的位置。

C. 将运球对手往边路挤，以缩小其射门角度。

D. 只要有可能接球并对球门产生较大威胁时，均应采取盯人防守，反之则可重点扼守门前中路位置或与同伴交换看守对象。

②识别对手特点。不给对手个人突破、组织进攻等诸方面的能力与专长的发挥，最大限度地削弱其进攻威胁。

③机动灵活抢夺。抢夺要见机行事，既不能让对手舒服接球，又不能盲目贴身乱扑。同时，要十分重视展开积极的空中争夺，以削弱对手的头球传射威力。

（2）向后交叉补位。当自己抢断失败，自由中卫上去阻截企图突破的中锋时，突前中卫应迅速为自由中卫进行补位，以便重新形成双层防线的局面。

2. 进　攻

主要任务是防守，但一旦时机成熟，也应该参与进攻。

具体任务如下。

（1）抢得球后，可以将球传给边位、前卫或前锋来发动进攻。

（2）在中场接应同伴传球，组织进攻，加强中场进攻力量。

（3）战机成熟时候，可以直接投入一线进攻，并力争射门。进攻结束必须迅速回位。

（三）自由中卫（拖后中卫）

1. 防　守

处于3名后卫后方的要害地域，是防守的可靠后盾。阻截直达球门的通路是主要职责。为此，需要根据球的位置和双方攻守的情况，积极选好位置，随时准备对付各种可能出现的复杂局面。

（1）驻守防区，截获传球。

（2）抢断渗透性直传球，弥补门前空当。

（3）阻击离开自己基本位置的插上"奇兵"。

（4）机动保护，及时补漏。

（5）掩护进攻，弥补空当。

（6）居后指挥，稳固防守。

2. 进　攻

（1）夺球发动进攻。抢得球后，可以将球传给边位、前卫或前锋来发动进攻。

（2）居后接应配合。

（3）突然插上进攻。自由中卫通常无专人盯逼，突然出现在对方门前颇有威胁。主要采用长距离运球突破，结合二过一配合的方法，力争射门。进攻结束必须迅速回位。

（四）组织型前卫

1. 组织进攻

在中场随时准备摆脱防守，接应同伴，充分发挥组织者的作用。

2. 控制节奏

根据比赛临场情况决定进攻的速度和节奏，选择有利的传球时机与传球点。

3. 威胁球门

当中锋拉边或回撤，边锋里切或回撤，则应以突然的快速插上或套边占领空当，接获同伴传球，并依靠个人突破或战术配合完成射门。

4. 积极防守

本方一旦丢球，就应立即转为防守，着重注意对口盯人，在中场延缓阻滞对方进攻，伺机抢夺，随着对方进攻的推进而撤退到本方门前防卫。

（五）防守型前卫（后腰）

1. 对口盯人

通常盯防对方的"二中锋"，抑制其进攻的威胁。

2. 机动防守

根据临场的不同情况，在罚球弧前面的中场地带，采用盯人或区域防守完成各种防守任务。

3. 及时补位

中路防守上出现漏洞时，应及时弥补中卫的空隙，封锁攻门的角度。一旦由守转攻，一侧前卫插上进攻时，亦应占据插上前卫留下的空当，以免中场脱节。

4. 伺机进攻

进攻的主要任务是负责前后左右的接应，以及灵活地转移进攻方向。但是，一旦出现良好的战机，也应该及时插上进攻。

（六）进攻型前卫（前腰）

1. 制造空当

通过无球跑动，在两肋策动，吸引对方注意力，从而打开缺口，为同伴利用中路空当进行转移传球或运球突破创造有利条件。

2. 组织进攻

在中路控球时，应当发挥组织进攻的作用。尤其是当前卫、边后卫插上助攻时，应为其提供有威胁的传球。

3. 攻击球门

善于利用中锋为墙做二过一突破，攻击对方球门。

4. 传球配合

边锋里切拉出边路空当，前卫套边替代边锋进攻职能。

5. 积极防守

本方一旦由攻转守时，要积极追赶和盯防就近的对方控球队员，延缓对方进攻，并积极参与门前防守。遇到中场指挥者和防守前卫出击时，则应在中场保护以确保中场优势。

（七）前　锋

1. 积极射门

在对方门前运用带球突破、空切突破、中路包抄、争顶高球等技、战术方法积极进攻。

2. 扯动看守

通过无球跑动，扯动防守者，制造空当，为同伴突破与射门创造空隙。

3. 传球配合

位于全队最前方，采用传切、顶球摆渡、墙式二过一配合等，为同伴创造突破与射门的机会。

4. 积极反抢

失球后立即反抢，争取将球夺回，或者破坏对方第一传，延缓对方的反攻时机。

（八）边前卫

1. 侧翼进攻

（1）通过带球突破或配合突破，打开边路缺口，进行传中或射门。

（2）通过有球或无球的活动，扯动防守，拉出边路空当，让前卫或后卫插上。

（3）中路或异侧进攻时，拉边牵制防守，并随时准备接应转移传球。

（4）大范围交叉换位，起到另一侧边锋的作用。

2. 中路进攻

（1）内切中路，进行配合突破或射门。

（2）与中锋交叉换位，起到中锋作用。

（3）异侧边路传中，及时包抄射门。

3. 积极防守

（1）由攻转守时，紧盯本侧的对方后卫，限制其参与进攻。

（2）必要时积极参与中场或后场区域的防守。

（3）当对方发角球或罚球区附近任意球时，要积极参与门前防守。

（4）本方边后卫出击时，应临时代行边卫之职。

二、7人制足球赛战术原则

【内容提示】

（一）第一个原则：位置感原则

每一个场上队员时刻提醒自己不能把自己的位置丢了。清楚认识到"在其位谋其政"，教师安排你打什么位置就要履行该位置的进攻以及防守职责。助攻也好，跑位也罢，在进攻中失误被断球对方反击，应第一时间立即就地反抢，延缓对方进攻时间，给队友回撤的机会。一抢不成不可恋战，可迅速回到自己位置上再歇，再怎么累至少回追3秒。给自己数数：1、2、3秒。

（二）第二个原则：重心移动原则

球在左边，球队整体重心移到左边；球在右边，球队整体重心移动到右边。防守的时候边前卫和边后卫往内收缩，进攻的时候往边扩散，充分利用球场宽度。只有全队一起移动，才能形成局部的以多打少。整体补位有多个好处，节省体力，容易对敌人形成围抢，局域形成多打少的可能。

（三）第三个原则：跑动接应原则

所有队员都需要无球跑动起来。踢球最基本的接应意识就是迎球接应。其实，对于任何一个球员，迎球不等球，其实是最基本要求，这是意识问题，不是灵感，所以，是可以培养和积累的。接应的要点就在于跑动，三角进攻，三角接应，一个人拿球，相邻位置的3个人必须跑动起来接应。应轮番有一人回撤接应，做成一个动态三角形结构。必须明白，有时候我们的接应与扯动未必是要球，而是为了给队友创造出空当和机会。

（四）战术要点之一：三角攻防

不同的进攻或防守的情况下，都要将双三角的站位进行转化。一个原则，临近补位，整体移动。这样下来，攻防为整体化变动，千万不要认为，球离我很远，我不用留意它，到了临近队友时我再补位，往往这个时候已经来不及了，因为队友去补位了，而你没有跟上，形成了空位，会导致全军覆没的。

（五）战术要点之二：套边和反插

当边前卫拿球，边后卫从其身后插上，是一个标准的套边配合；后腰拿球，前腰回撤接应，前锋前插，边前卫迅速绕到边路前插，也是一个标准的套边配合。套边和反插是足球比赛里面边路进攻最常用的战术。反插要求配合的球员只有两个人，套边则要求整体的协调跑位，不是一个人的套边，一次成功的套边战术需要队友配合。套边和反插的目的一是为了插到对方空当地区接球并借此扯开对方防线，另一个原因是为了纯属战术的扯动要求，目的是为了吸引对方防守人员，为队友拉出空当。

（六）战术要点之三：局部更多的二打一、二打二、直传斜插、斜传直插

局部的配合可以在任何 2 个相邻近位置的队员之间使用。局部的小配合和大范围的转移，是每个成熟球队的基本功。

三、9 人制足球比赛规则

（一）比赛场地

长度：最长 75 米，最短 45 米；宽度：最长 56 米，最短 28 米。

在比赛场地内，禁区是以 9 米为半径向场内画一弧线与门柱两边的球门线相连的区域。点球点距球门线中点垂直距离为 8 米。中圈是以球场中心为中心，半径为 9 米的圆。

（二）队员人数

一场比赛应由两队参加，每队上场队员不得多于 9 人，其中必须有 1 人为守门员。如果比赛前任何一队队员少于 5 人或在比赛中队员被罚出场致使场内队员少于 5 人时，该场比赛队员少的队为弃权，对方 2:0 胜；如对方净胜球数超过 2 个，则按实际比分计。每场比赛准许换 3 个人。

（三）队员装备

运动员上场不准穿钢钉球鞋，队员服装统一，号码必须固定，队长戴袖标。

（四）比赛时间

1. 某队迟到 5 分钟以上按自动弃权处理，本场裁判有权判该队本场比赛 0:2 失败。

2. 比赛时间分为 2 个 20 分钟相等的半场。在每半场比赛因各种原因损失的所有时间应被扣除。在每半场比赛结束时，如因执行罚点球，应允许延长时间执行罚完点球为止。

3. 上下半场之间的休息时间不得超过 5 分钟。

4. 半决赛及决赛，若在比赛时间内不能决出胜负，将进行点球最终决战。

（五）犯规与不正当行为

裁判员认为，如果队员草率地、鲁莽地或使用过分的力量在双方进行争抢或对方队

员控制球时实施铲抢，被视为严重犯规，判给对方直接任意球，可根据犯规严重情况给予黄牌警告或罚出场。这条规则是和11人制规则最大的区别，说明9人制足球对于不论从各方向进行的铲球只要动作过大、力量过分都进行判罚。原则上不允许铲抢。

（六）任意球、点球、界外球、球门球、角球、越位

1. 任意球

任意球有直接任意球和间接任意球两种，直接任意球直接入门得分，间接任意球直接入门不算得分，除非球入门前碰对方或本方队员进门可算得分。

罚球程序如下。

（1）将球放定在犯规地点。

（2）对方队员距球至少9.15米。

（3）球被触动后即算比赛开始。

罚　则

（1）球在踢出前对方进入距球9.15米以内，裁判员应该罚球延至符合规则规定后再开出，对进入9.15米内的对方球员给予警告。

（2）球踢出后没有碰到本方队员或对方队员、踢任意球者再次触球示为重踢，判给对方在原地点踢间接任意球。

（3）裁判员认为，罚球队员有意拖延比赛时间，可出黄牌，并判对方在原地点踢间接任意球。

（4）在本方禁区内踢任意球，球要出罚球区比赛才算开始。在对方罚球区内踢任意球，球应放在距犯规地点最近的罚球区线上进行。

2. 球点球

罚球点球规则同11人制比赛规则。

3. 界外球

当球的整体从地面或空中越过边线后，应由球出界前最后触球的对方在球出界处踢界外球恢复比赛。掷界外球规则同11人制比赛规则。掷界外球直接进门不算得分。

4. 球门球

罚球门球规则同11人制比赛规则。

5. 角　球

罚角球规则同11人制比赛规则。

6. 越　位

（因主裁一人，如故意越位，如紧靠在对方门前等候机会球，诸如此类十分赖皮的行为，进球应属无效，裁判尺度自由掌握）越位规则同11人制比赛规则。

（七）纪律及处罚条例

1. 在比赛中发生打架或对裁判、对方球员恐吓的球员或领队，按情节严重给予处罚，

严重者取消本次比赛资格。个别球员打架，立即被出示红牌。双方球员打群架，比赛立即结束，本场比赛无成绩，各记零分。

2. 在比赛中，如对裁判执法不满可于赛后及时照会仲裁委员会，切不可做出不理智的行动。

3. 领红牌或同场 2 张黄牌者须自动停赛 1 场。

4. 球队要在比赛前 10 分钟到场，球队负责人在比赛前 5 分钟要将参赛证交由当值裁判核对。

5. 赛会有权保留修订赛例的权利，不另行通知。

6. 参加的球队及领队负责人对以上之规定必需在赛前承诺一切责任。

（八）互踢球点球决胜的规定（淘汰制点球决胜办法）

互踢球点球程序：

1. 比赛结束时场上每队出 5 员球员全部轮流踢。在踢满 5 次前，有一方已明显超过另一方时，比赛结束，进球多的队胜。

2. 踢完第一轮尚未决出胜负的，继续由场上队员轮流踢，在踢球次数相同的情况下，谁进球多谁胜（不用踢满 5 次）。

四、11 人制足球比赛规则

（一）场地面积

比赛场地应为长方形，其长度不得多于 120 米或少于 90 米，宽度不得多于 90 米或少于 45 米（国际比赛的场地长度不得多于 110 米或少于 100 米，宽度不得多于 75 米或少于 64 米）。在任何情况下，长度必须超过宽度。

（二）画　线

比赛场地应按照平面图画出清晰的线条，线宽不得超过 12 厘米，不得做成"V"形凹槽。较长的 2 条线叫边线，较短的叫球门线。场地中间画 1 条横穿球场的线，叫中线。场地中央应当做 1 个明显的标记，并以此点为圆心，以 9.15 米为半径，画 1 个圆圈叫中圈。场地每个角上应各竖 1 面不低于 1.50 米高的平顶旗杆，上系小旗 1 面。相似的旗和旗杆可以各竖一面在场地两侧正对中线的边线外至少 2 米处。

（三）球门区

在比赛场地两端距球门柱内侧 5.50 米处的球门线上，向场内各画一条长 5.50 米与球门线垂直的线，一端与球门线相接，另一端画一条连接线与球门线平行，这 3 条线与球门线范围内的地区叫球门区。

（四）罚球区

在比赛场地两端距球门柱内侧 16.50 米处的球门线上，向场内各画 1 条长 16.50 米与球门线垂直的线，一端与球门线相接，另一端画一条连接线与球门线平行，这 3 条线与球门线范围内的地区叫罚球区。在 2 球门线中点垂直向场内量 11 米处各做 1 个清晰的标记，叫罚球点。以罚球点为圆心，以 9.15 米为半径，在罚球区外画一段弧线，叫罚球弧。

（五）角球区

以边线和球门线交叉点为圆心，以 1 米为半径，向场内各画一段 1/4 的圆弧，这个弧内地区叫角球区。

（六）球　门

球门应设在每条球门线的中央，由两根相距 7.32 米、与西面角旗点相等距离、直立门柱与一根下沿离地面 2.44 米的水平横木连接组成，为确保安全，无论是固定球门或可移动球门都必须稳定地固定在场地上。门柱及横木的宽度与厚度，均应对称相等，不得超过 12 厘米。球网附加在球门后面的门柱及横木和地上。球网应适当撑起，使守门员有充分活动的空间。

注：球网允许用大麻、黄麻或尼龙制成。尼龙绳可以用，但不得比大麻或黄麻绳细。

（七）球

比赛用球应为圆形，它的外壳应用皮革或其他许可的材料制成，在它的结构中不得使用可能伤害运动员的材料。

球的圆周不得多于 71 厘米或少于 68 厘米。球的重量，在比赛开始时不得多于 453 克或少于 396 克。充气后其压力应相等于 0.6～1.1 个大气压力（海平面上），即相等于 600～1100 克/厘米。在比赛进行中，未经裁判员许可，不得更换比赛用球。

（八）队员人数

1. 上场比赛的 2 个队每队队员人数不得超过 11 人。

2. 每队必须有 1 名守门名。

3. 每队在比赛时可有 1～2 名替补队员。如果是"友谊比赛"，可以有 5 名以下的替补队员。

4. 在经裁判员同意后，在比赛暂停时，替补队员可替换队员。

5. 只有在被替补队员下场后，替补队员才能上场。

6. 未经裁判员同意，任何队员不得上场或下场。

（九）队员装备

1. 上场队员必需的装备是运动上衣、短裤、护袜、护腿板和足球鞋。

2. 上场队员不得穿戴能危及其他运动员的任何物件。

3. 护腿板必须由护袜全部包住，应由适当的材料制成（橡胶、塑料、聚氨脂或其他类似的材料）。

4. 守门员的服装颜色必须有别于其他上场队员和裁判替补守门员或其他任何队员时，均应遵守下列规定。

（1）替补前应先通知裁判员。

（2）替补队员在被替补队员离场，并得到裁判员许可后，方可进入比赛场地。

（3）替补队员应在比赛成死球时从中线处进场。

（4）被替补下场的队员不得再次参加该场比赛。

（5）替补队员无论上场与否，裁判员均有权对其行使职权。

5. 替补队员进入比赛场地，即成为场上队员，同时被替换出场的队员不再是场上队员，至此替补结束。

罚　则

（1）对于违反本章第（4）条规定者，比赛不应暂停，应在比赛成死球时立即警告各有关队员。

（2）如替补队员未经裁判员许可擅自进场，则应停止比赛，并视情节对该替补队员予以警告，令其离场或罚令出场，然后由裁判员在比赛暂停时球所在地点执行坠球恢复比赛。除非当时球在球门区内，如遇这种情况，则应在停止比赛时球所在地点最近的、与球门线平行的球门区线上坠球。

（3）对违反本章任何其他规则的有关队员，均应警告。如果裁判员暂停比赛执行警告，则应由对方队员在比赛暂停时球所在地点，踢间接任意球恢复比赛。如果在其本方的球门区内罚任意球，则可在其球门区内的任何地点执行；如果在对方的球门区内罚任意球，则应在比赛暂停时球所在地点最近的、与球门线平行的球门区线上执行。

（4）如竞赛规程要求在比赛前将替补队员名单交给裁判

罚则：场上队员违反本章规定时，除非在成死球前，该队员已经调整好装备，否则在成死球后，该队员应离场调整或换取装备。离场调整和换取装备的队员在回场前，必须先报告裁判员，经裁判员检查符合规定后，只有在比赛成死球时方可进场比赛。场上队员违反了本章规定时，不要立即停止比赛。

（十）裁判员

每场比赛应委派1名裁判员执行裁判任务。在他进入比赛场地时，即开始行使规则赋予他的职权。在比赛暂停或比赛成死球时出现的犯规，裁判员均有判罚权。裁判员在比赛进行中，根据比赛实际情况，诸如比赛结果等所作的判决，应为最后判决。

1. 执行规则。

2. 避免做出对犯规队有利的判罚。

3. 记录比赛成绩和比赛时间，使比赛赛足规定的时间或双方同意的时间，并补足由于偶然事故或其他原因所损耗的时间。

4. 因违反规则、遇风雨、观众或外界人员干扰及其他原因妨碍比赛进行时，裁判员有权暂停、推迟或终止比赛。事后须在规定的时间内按照有关要求将具体情况书面报告主办机构。书面报告在规定的时间内一经投邮即为合乎手续。

5. 裁判员从进入比赛场地起，对犯有不端和不正当行为的队员应给予警告并出示黄牌。事后须在规定的时间内，按照有关要求将该队员的姓名和具体情况书面报告主办机构。

6. 除参加比赛的队员及助理裁判员外，未经裁判员允许，任何人不得进入比赛场地。

7. 如裁判员认为队员受伤严重时，应立即停止比赛，须将受伤队员尽可能迅速地移至场外，并立即恢复比赛。如队员受轻伤，则比赛不应在成死球前停止。凡队员能自己走到边线或球门线接受任何护理者，不得在场内护理。

8. 裁判员对于场上队员的暴力行为、严重犯规、使用污言秽语或辱骂性语言，以及经警告后仍犯有不正当行为者，应罚令出场并出示红牌。

9. 在每次比赛暂停后，以信号指示恢复比赛。

10. 审定比赛用球是否符合规则的要求。

（十一）助理裁判员

每场比赛应委派 2 名助理裁判员，他们的职责（由裁判员决定）应为示意。

1. 何时球出界成死球。

2. 应由哪一队踢角球、球门球或掷界外球。

3. 当要求替补时。他们还应协助裁判员按照规则控制比赛。助理裁判员如有不正当行为或不适当地干扰比赛，裁判员则应免除其职务并指派他人代替（裁判员应将此情况上报主办机构）。

（十二）比赛时间

比赛时间应分为 2 个相等的半场，每半场 45 分钟。特殊情况双方同意另定除外，并按下列规定执行。

1. 在每半场中由于替补、处理伤员、延误时间及其他原因损失的时间均应补足，这段时间的多少由裁判员决定。

2. 在每半场时间终了时或全场比赛结束后，如执行罚球点球，则应延长时间至罚完为止。除经裁判员同意外，上下半场之间的休息时间不得超过 5 分钟。

（十三）比赛开始

1. 比赛开始前，应用投币方式选定开球或场地，先挑的一方应有开球或场地的选择权。比赛应在裁判员发出信号后，由开球队的一名队员将球踢入（即踢动放在比赛场地中央的球）对方半场开始。在球被踢出前，每个队员都应在本方半场内。开球队的对方队员还应当保持距球不少于9.15米。球被踢出后，须滚动到它自己的圆周距离时，才应认为比赛开始，开球队员在球经其他队员触或踢及前不得再次触球。

2. 在进1球后，应由对方一名队员以同样方式，重新开球继续比赛。

3. 下半场开始时，2队应互换场地，并由上半场开球队的对方开球。

罚　则

1. 任何违反本章规则的开球都应重开。如开球队员在球经其他队员触球或踢及前再次触球，则应由对方队员在犯规地点发任意球。

2. 踢间接任意球。如队员在对方球门区内犯规，则这个任意球可以在球门区内的任何地点执行。

3. 开球不得直接射门得分。

4. 比赛如因本规则未规定的原因暂停时，球并未越出边线或球门线，则恢复比赛时，裁判员应在暂停时球所在的位置坠球，球着地即恢复比赛。如果比赛暂停时球在球门区内，则应在比赛暂停时球所在位置最近的、与球门线平行的球门区线上坠球，坠球时在球落地之前，队员不得触球，否则应由裁判员重新坠球。

（十四）比赛进行及死球

下列情况成死球。

1. 当球不论在地面或空中全部越过球门线或边线时。

2. 当比赛已被裁判员停止时。

自比赛开始至比赛终了时，比赛均应在进行中，包括以下几方面。

（1）球从球门柱、横木或角旗杆弹回场内。

（2）球从场上的裁判员或巡边员身上弹落于场内。

（3）场上队员犯规而裁判员并未判罚。

（十五）计胜方法

除规则另有规定外，凡球的整体从门柱间及横木下越过球门线，而并非攻方队员用手掷入、带入，故意用手或臂推入球门（守门员在本方罚球区内除外），均为攻方胜1球。

在比赛中，胜球较多的一队为得胜队，如双方均未胜球或胜球数目相等，则这场比赛应为"平局"。

（十六）越　位

1. 凡进攻队员较球更接近于对方球门线者，即为处于越位位置。下列情况除外。

（1）该队员在本方半场内。

（2）至少有对方队员2人比该队员更接近于对方的球门线。

2. 当队员踢或触及球的一瞬间，同队队员处于越位位置时，裁判员认为该队员有下列行为，则应判为越位。

（1）在干扰比赛或干扰对方。

（2）企图从越位位置获得利益。

3. 下列情况，队员不应被判为越位。

（1）队员仅仅处在越位位置。

（2）队员直接接得球门球、角球或界外掷球。

4. 队员被判罚越位，裁判员应判由对方队员在越位地点踢间接任意球。如果该队员在对方球门区内越位，那么这个任意球可以在越位时所在球门区内任何地点执行。

（十七）犯规与不当行为

队员故意违反下列9项中的任何一项者，即：

1. 踢或企图踢对方队员。

2. 绊摔对方队员，即在对方身后或身前，伸腿或屈体绊摔或企图绊摔对方。

3. 跳向对方队员。

4. 猛烈地或带有危险性地冲撞对方队员。

5. 除对方正在阻挡外，从背后冲撞对方队员。

6. 打准企图打对方队员、向对方吐唾沫。

7. 拉扯对方队员。

8. 推对方队员。

9. 用手触球，如用手或臂部携带、推击球（守门员在本方罚球区内除外）。

以上情况都应判由对方在犯规地点踢直接任意球。如果犯规地点在对方球门区内，该任意球可以在球门区内任何地点执行。如果守方队员在本方罚球区内故意违反上述九项中的任何一项者，应判罚球点球。在比赛进行中，如守方队员在本方罚球区内故意违反上述九项中任何一项时，则不论当时球在什么位置，都应判罚球点球。

（十八）任意球

任意球分2种：直接任意球（这个球可以直接射入犯规队球门得分）及间接任意球（踢球队员不得直接射门得分，除非球在进入球门以前曾被其他队员踢或触及）。

队员在本方罚球区内踢直接或间接任意球时，在球被踢出罚球区前，所有对方队员都应站在该罚球区外，并须至少距球 9.15 米。当球滚至球的圆周距离，并出罚球区后比赛即为恢复。守门员不得将球接入手中后再踢出进入比赛，如球未被直接踢出罚球区，则应令重踢。

队员在本方罚球区外踢直接或间接任意球时，所有对方队员在球被踢出前应至少距球 9.15 米，除非他们已站在自己的球门线上。当球滚动至球的圆周距离时，比赛即为恢复。

如果对方队员在任意球踢出前，进入罚球区或距球少于 9.15 米，裁判员应令其退到规定的位置后，方可执行罚球。

踢任意球时，须将球放定。踢任意球的队员将球踢出后，在球经其他队员踢或触及前，不得再次触球。尽管本规则的其他条款对踢任意球的地点已做出规定如下。

1. 守方在本方球门区内踢任意球时，可以在球门区内的任何地点执行。

2. 凡攻方在对方球门区内踢间接任意球时，应在距犯规地点最近的、与球门线平行的球门区线上执行。

罚　则

如踢任意球的队员在球被踢出后，经其他队员踢或触及前再次触球，则应判由对方队员在犯规地点踢间接任意球。如队员在对方球门区内犯规，则这个任意球可以在球门区内的任何地点执行。

（十九）罚球点球

罚球点球应从罚球点上踢出，必须明确主罚队员。踢球时除主罚队员和对方守门员外，其他队员均应在该罚球区外及比赛场内，并至少距罚球点 9.15 米处。对方守门员在球被踢出前，必须站在两门柱间的球门线上（两脚不得移动）。主罚队员必须将球向前踢出；在其他队员踢或触及前不得再次触球。当球滚动至球的圆周距离时，比赛即为恢复。罚球点球可直接射门得分。当比赛进行中执行罚球点球，以及在上半场准全场比赛终了而延长时间执行或重踢罚球点球时，如踢出的球触及任何一个门柱或两个门柱，或触及横木或触及守门员，或连续触及门柱、横木或守门员而进入球门，只要没有犯规现象发生，均应判为胜 1 球。

罚　则

1. 如守方队员犯规，则球未罚中应重罚。

2. 如踢罚球点球队员以外的攻方队员犯规，则球罚中无效，应重罚。

3. 如踢罚球点球队员在比赛恢复后犯规，则应由对方队员在犯规地点根据第十三章的具体情况踢间接任意球。

（二十）掷界外球

当球的整体不论在地面或空中越出边线时，应由出界前最后触球队员的对方队员，在球出界处掷向场内任何方向。

掷球时，掷球队员必须面向球场，两脚均应有一部分站立在边线上或边线外，不得全部离地，用双手将球从头后经头顶掷入场内。球一进场内比赛立即恢复。掷球队员在球被其他队员踢或触及前，不得再次触球。掷界外球不得直接掷入球门得分。

罚　则

1. 如球不按规定的方法掷入场内，应由对方队员在原处掷界外球。

2. 如掷球队员掷球入场后在球被其他队员踢或触及前再次触球时，应由对方队员在犯规发生地点踢间接任意球。如队员在对方球门区内犯规或在本方球门区内犯规，则应根据第十三章的具体情况踢间接任意球。

（二十一）球门球

当球的整体不论在空中或地面从球门外越出球门线，而最后踢或触球者为攻方队员时，由守方队员在球门区内任何地点直接踢出罚球区恢复比赛。守门员不得将球接入手中后再踢出进入比赛。如球未被直接踢出罚球区，即未进入比赛，应令重踢。踢球门球的队员在球被其他队员踢或触及前，不得再次触球。踢球门球不得直接射门得分，踢球门球时，对方队员在球被踢出罚球区前都应站在罚球区外。

罚　则

踢球门球的队员将球踢出罚球区后，在球被其他队员踢或触及前再次触球，应判由对方队员在犯规发生地点踢间接任意球。如队员在球门区内犯规，则根据第十三章的具体情况执行。

（二十二）角　球

当球的整体不论在空中或地面从球门外越出球门线，而最后踢或触球者为守方队员时，由攻方队员将球的整体放妥。在离球出界处较近的角球区内踢角球。

踢角球时，不得移动角旗杆。角球可直接胜1球。踢角球队员的对方队员在球未进入比赛时，即球未滚动至球的圆周距离时，不得进入距球9.15米以内。踢角球队员在球被其他队员踢或触及前，不得再次触球。

罚　则

1. 踢角球的队员，在球被其他队员踢或触及前再次触球时，裁判员应判由对方队员在犯规发生地点踢间接任意球。如队员在球门区内犯规，则根据规则第十三章的具体情况执行。

2. 如有任何其他犯规，角球均应重踢。

五、比赛阵形

【内容提示】

（一）7人制比赛常用阵形

1. "三三"阵形（图4-1-1）

站位：3名后卫，3名前锋。

特点：攻守力量平衡，层次薄弱，前后场之间大片真空地带。

2. "三二一"阵形（图4-1-2）

站位：3名后卫，2名前卫，1名前锋。

特点：开拓了进攻的空间，稳固了中后场的防守，加大了阵形变换的灵活性。

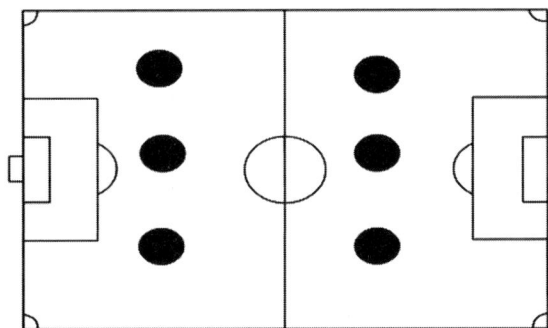 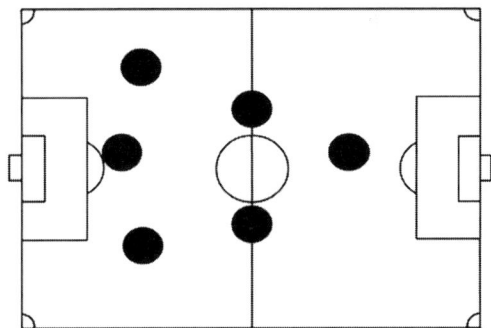

图4-1-1   图4-1-2

3. "二一三"阵形（图4-1-3）

站位：2名后卫，1名前卫，3名前锋。

特点：在运用此阵形时，必须要有个防守能力强，又善于协作的后卫队员。

4. "三一二"阵形（图4-1-4）

站位：3名后卫，1名前卫，2名前锋。

特点：攻守力量平衡，在进攻上较为灵活多变，隐蔽性强，进攻面宽，进攻点多，在防守上也较为稳固。

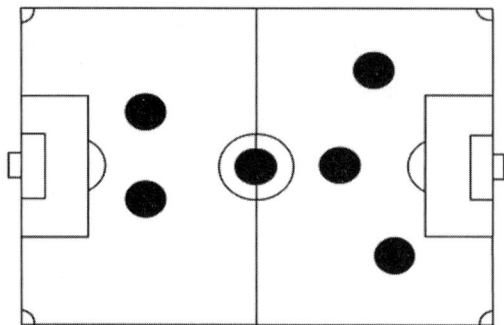

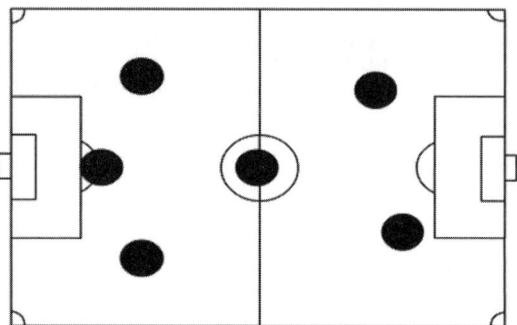

图 4－1－3 图 4－1－4

（二）9 人制比赛常用阵形

1．"四三一"阵形（图 4－1－5）

站位：4 名后卫，3 名前卫，1 名前锋。

特点：中后场防守较为稳固，进攻端灵活性较低，方式单一。

2．"四二二"阵形（图 4－1－6）

站位：4 名后卫，2 名前卫，2 名前锋。

特点：攻守力量较为均衡，位置灵活性强。

3．"三三二"阵形（图 4－1－7）

站位：3 名后卫，3 名前卫，2 名前锋。

特点：攻守自如，球员位置也较固定。缺点为后防线压力较大。

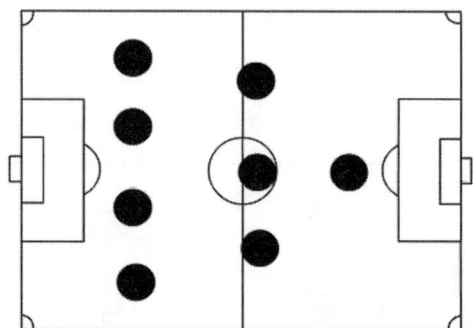

图 4－1－5

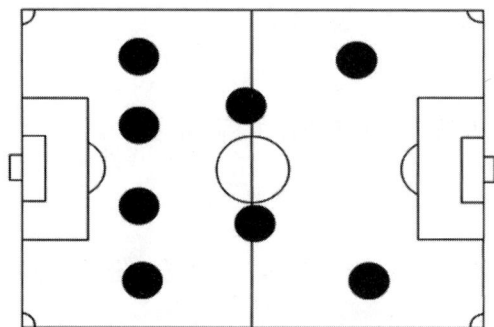

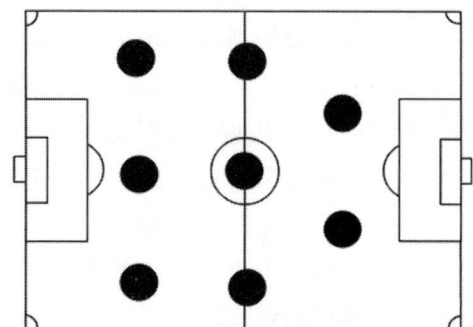

图 4－1－6 图 4－1－7

（三）11人制比赛常用阵形

1. "四三三"阵形（图4-1-8）

站位：4名后卫，3名前卫，3名前锋。

特点：位置较灵活，攻守力量较为均衡。

2. "四四二"阵形（图4-1-9）

站位：4名后卫，4名前卫，2名前锋。

特点："四四二"阵形是一种旨在稳固中场和后场的防守，开拓两边进攻空间的战术阵形。

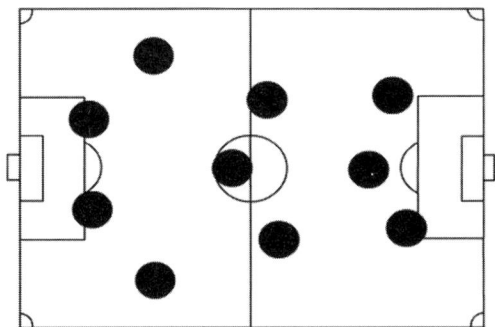　　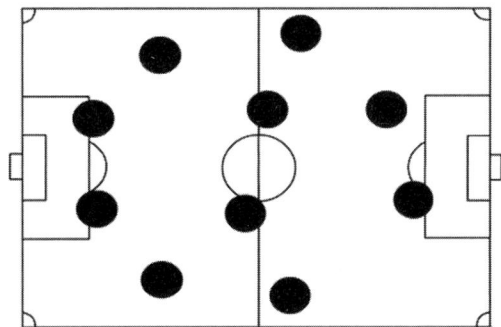

图4-1-8　　　　　　　　　　　　　图4-1-9

【教学提示】

1. 介绍"7人、9人、11人制"比赛阵形。

2. 明确站位职责，强调既分工又合作。

3. 可利用教学工具，摆好各队员的位置示意图，使队员明确站位。

4. 队员在场上站位，进一步明确各阵式的位置。

5. 合理分配班级内的小组，让学生体会不同赛事、不同位置的各种方法。

6. 小组可自由创造适合自己小组的阵形。

【教学要求】

教学比赛或正式比赛，必须根据本队具体情况及场上变化，灵活运用所学过的技术及攻防战术，既要明确分工又要互相合作，培养学生的合作精神。

六、观看足球比赛（4 次）

（一）教师负责搜集视频资料，组织学生观看比赛。

（二）通过观看比赛，提高学生阅读比赛的能力。

（三）组内进行讨论交流，分享自己的收获。

第二单元　假动作

在比赛时运动员为了隐蔽自己动作意图，经常运用假动作来迷惑对方，从而获得时间和空间进行传球、运球和射门，更好地实现自己的真正意图。假动作可运用于过人、传球、接球、射门、抢截等技术中。在本单元中重点进行有球假动作和无球假动作教学。

一、有球假动作

（一）踢球假动作

【教学目标】

1. 学习踢球假动作，使学生了解踢球假动作的相关知识，初步体验踢球假动作技术。

2. 采用小组合作的教学方式，使学生快速形成踢球假动作技术。提高控球能力，发展学生快速、灵敏、协调等各项身体素质。

3. 培养机智、果断的意志品质。

【动作方法】

运动员已控制球或正准备控制球，准备与同伴配合及接球时，对手前来堵抢，挡住其路线时，先可向一方做假传动作，让对手以假当真去封堵假动作路线时，应突然改变踢球脚法将球传向另一方向。（图 4-2-1）

【动作要点】

遇挡不慌张，虚晃诱对手，重心一偏离，快速变向传。

【教学重难点】

1. 教学重点：做假动作的时机与真假动作的衔接。

图 4 - 2 - 1

2. 教学难点：真假动作衔接技术。

【教学建议】

1. 教师在示范动作时，可采用分解法讲解，这个过程主要是突出"真、假"动作的衔接技术。

2. 学生体会动作要领，重点体会假动作与真动作的区别。

3. 组织学生利用标志杆练习踢球假动作技术。佯装做出一个想要传球动作晃骗对手，再快速改变方向将球传出。

4. 学生 3 人 1 组，二对一对抗练习。开始时先采用消极防守，然后逐步过渡到积极对抗防守。

5. 找学生展示示范，树立学生赶超榜样。

6. 教学中要重点强调，学生学习假动作过人技术的目的和意义。

7. 通过适当的教学比赛或其他比赛后，让学生自己总结经验，对动作技术进行认识和再认识，达到提高的目的。

【易犯错误及纠正】

"真、假"动作衔接技术脱节，传球被断掉。

纠正方法：讲清假动作过人技术的目的和意义。反复练习，利用标志杆做防守队员，佯装做出一个想要传球动作晃骗对手，再快速改变方向将球传出。在熟练动作技术后，再进行二对一的对抗练习。

【注意事项】

1. 科学、合理布置练习场地，渗透安全练习意识。

2. 遵循由易到难的教学原则，注重满足不同学生的学习需求。

3. 采用多种练习形式，注重激发学生的练习兴趣。

【巩固与拓展】

足球游戏

[游戏名称]"斗智斗勇"。(图4-2-2)

[游戏目的]

1. 复习、巩固踢球假动作技术,提高控球能力。发展学生快速、灵敏、协调等各项身体素质。

2. 培养机智、果断的意志品质。

[游戏方法]

将学生分为若干组,每组5人,站在

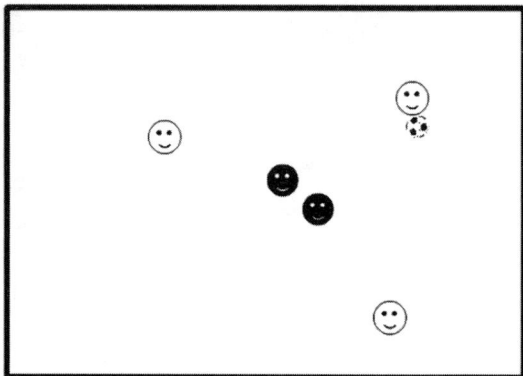

图4-2-2

长8米、宽6米的长方形场地内。3人传球,2人防守。传球队员利用踢球假动作技术晃过防守人的阻截相互传球。传球过程中,如果传球队员传球被截或传球失误与防守队员中的一人进行角色互换,游戏继续。在规定时间内角色互换次数少的组获胜。

[游戏规则]

1. 防守队员积极防守。

2. 传球队员必须用踢球假动作技术晃过防守人的阻截相互传球。

3. 诚实守信、团结协作。

【评价要点】

1. 学生参与练习的兴趣与主动性程度。

2. 学生是否基本掌握踢球假动作技术。

3. 学生团队精神、合作学习意识、竞争能力的增强程度。

(二)运球假动作

【教学目标】

1. 学习运球假动作,使学生了解运球假动作的相关知识,初步体验运球假动作技术。

2. 采用小组合作的教学方式,使学生快速形成运球假动作技术。提高控球能力,发展学生快速、灵敏、协调等各项身体素质。

3. 培养机智、果断的意志品质。

【动作方法】

1. 对手迎面跑来抢截球时,可用左(右)脚的脚背内侧扣拨球动作结合身体的虚晃

动作，诱使对手的重心发生偏移，然后用左（右）脚的脚背外侧向同侧方向拨运球越过对手。（图4-2-3）

图4-2-3

2. 对手从侧面来抢截球时，先做快速向前运球动作，诱使对手紧追，这时突然减速并做停球假动作。当对手上当时，再突然起动加速推球向前甩掉对手。（图4-2-4）

图4-2-4

3. 拉球是用脚掌将球由前向后或由左向右、由右向左拖拉球的动作，如果被盯得很紧，这种转身是一种很好的摆脱方法。一旦掌握了它，就可根据自己或对手的位置采用转身方法。（图4-2-5）

图4-2-5

【动作要点】

遇挡不慌张，虚晃诱对手，重心一偏离，快速摆脱跑。

【教学重难点】

1. 教学重点：做假动作的时机与真假动作的衔接。
2. 教学难点：真假动作衔接技术。

【教学建议】

1. 教师在示范动作时，可采用分解法讲解。这个过程主要是突出"真、假"动作的衔接技术。
2. 学生体会动作要领，重点体会假动作与真动作的区别。
3. 学生结合脚触球短距离运球假动作练习。这个过程要由慢到快，让学生体会假动作与真动作衔接技术。
4. 让学生在假定障碍物之间或由学生组成的空间范围练习假动作运球技术。这个过程主要让学生体会做假动作的时机及练习真、假动作衔接的熟练性。
5. 学生2人1组，一对一对抗练习。开始时先采用消极防守，逐步过渡到积极对抗防守。
6. 找学生展示示范，树立学生赶超榜样。
7. 教学中要重点强调学生学习假动作过人技术的目的和意义。
8. 通过适当的教学比赛或其他比赛后，让学生自己总结经验，对动作技术进行认识和再认识，达到提高的目的。

【易犯错误及纠正】

1. 做假动作的时机过早或过晚，运球被断掉。
纠正方法：让学生在假定障碍物之间或由学生组成的空间范围练习假动作运球技术，主要让学生体会做假动作的时机。
2. "真、假"动作衔接不熟练，运球被断掉。
纠正方法：可采用分解法讲解，重点突出"真、假"动作的衔接技术；结合脚触球短距离运球假动作练习，让学生体会假动作与真动作衔接技术。在熟练动作技术后，再进行二对一的对抗练习。

【注意事项】

1. 科学、合理布置练习场地，渗透安全练习意识。
2. 遵循由易到难的教学原则，注重满足不同学生的学习需求。

3. 采用多种练习形式，注重激发学生的练习兴趣。

【巩固与拓展】

足球游戏

［游戏名称］"冲过封锁线"。（图 4 - 2 - 6）

［游戏目的］

1. 复习、巩固运球假动作技术，提高控球能力，发展学生快速、灵敏、协调等各项身体素质。

2. 培养机智、果断的意志品质。

［游戏方法］

将学生分成人数相等的 2 组，相距 10 米左右横排面站好，进攻队每人持 1 球，教师吹哨后运球通过对面防守人，在防守队背后 10 米处划一条安全线，运球通过安全线即为胜利。2 队互换攻守，看哪队通过封锁线的人多为胜。

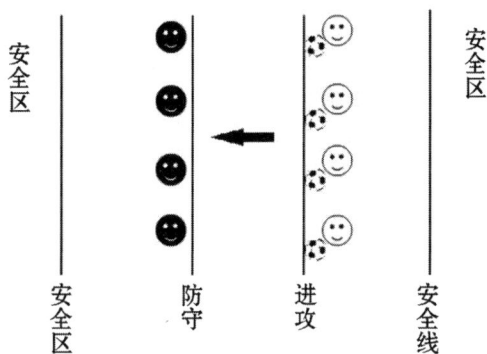

图 4 - 2 - 6

［游戏规则］

1. 进攻队员必须采用运球假动作通过防守队员。

2. 注意安全。

3. 诚实守信，公平竞争。

【评价要点】

1. 学生参与练习的兴趣与主动性程度。

2. 学生是否基本掌握运球假动作的动作方法。

3. 学生团队精神、合作学习意识、竞争能力的增强程度。

二、无球假动作

【教学目标】

1. 学习无球假动作，使学生了解无球假动作的相关知识，初步体验无球假动作技术。

2. 采用游戏与比赛相结合的教学方式，通过改变跑动方向和改变跑动速度来形成无球假动作技术。提高快速奔跑能力，发展学生灵敏、协调等各项身体素质。

3. 培养机智、果断的意志品质。

【动作方法】

1. 改变跑动方向的假动作：在对方严密防守下，为了摆脱对方跑到空位接球，可采用声东击西的办法，先向右跑，当对方向右紧跟时，突然改变方向再向左跑，这样就可以甩开防守队员。

2. 改变跑动速度的假动作：为了摆脱对方的紧逼，可先慢跑诱使对方也减慢跑速，然后突然快跑，借以摆脱对方再跑到空位接同伴的传球。

【动作要点】

忽左忽右变快慢，迷惑对手摆脱快，跑出空位球传到，配合默契是关键。

【教学重难点】

1. 教学重点：合理跑位。

2. 教学难点：同伴配合意识。

【教学建议】

1. 教师结合实例示范讲解，重点讲明摆脱时机、跑位、人到球到等重点环节。

2. 开始练习时，借助对障碍物的摆脱，做一对一的摆脱练习。让学生体会如何能摆脱对手，关键是动作要突然。

3. 一对二结合球练习，防守者消极防守，让学生体会如何将对手快速摆脱，有目的地接同伴传球、射门等。

4. 组织学生实战比赛练习。

【易犯错误及纠正】

跑出空位，人到球不到。

纠正方法：同伴之间多沟通，增强配合意识。反复进行一对二结合球练习，防守者消极防守，让学生体会如何将对手快速摆脱，有目的地接同伴传球。

【注意事项】

1. 科学、合理布置练习场地，渗透安全练习意识。

2. 遵循由易到难的教学原则。

3. 采用多种练习形式，注重激发学生的练习兴趣。

【巩固与拓展】

足球游戏

［游戏名称］"捕鱼"。（图4-2-7）

［游戏目的］

1. 复习、巩固无球假动作技术。发展学生快速、灵敏、协调等各项身体素质。

2. 培养机智、果断的意志品质。

［游戏方法］

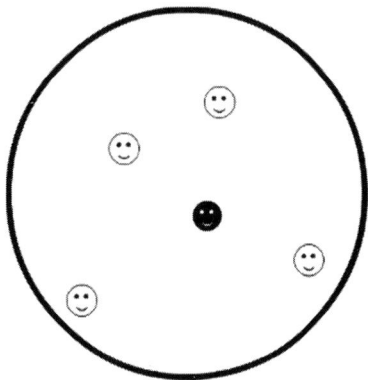

图4-2-7

将学生分成人数相等的若干组，每组5人，站在直径为8米的圆内。其中，1人为渔翁，其余4人为小鱼。游戏开始，渔翁开始捕鱼，小鱼忽左忽右、忽快忽慢灵巧地躲避渔翁，游到安全的位置。游戏中，渔翁如果捕不到小鱼，角色互换，游戏继续进行。在规定时间内，各组角色交换次数少的为胜。

［游戏规则］

1. "小鱼"要运用假动作技术躲避渔翁。

2. "渔翁"积极奔跑。

3. 诚实守信，公平竞争。

【评价要点】

1. 学生参与练习的兴趣与主动性程度。

2. 学生是否基本掌握无球假动作技术。

3. 学生团队精神、合作学习意识、竞争能力的增强程度。

第三单元　身体素质练习

身体素质指的是机体竞技能力的状态，体现在力量、耐力、速度、柔韧性和灵敏性等方面。足球运动是一项对身体素质要求较全面的体育运动，包括各种形式的奔跑、急停、启动、转身、倒地、跳跃、变向、对抗等动作，可以较好地发展学生的速度、耐力、力量、柔韧和灵敏的身体素质。良好的身体素质能促进技术、战术的提高发展。根据足球运动的特点，学生应具有迅速的反应能力、良好的速度、高度的灵活性以及良好的耐力能力。根据小学生身体发育的特点，应在足球训练计划中，在各个不同的训练时期，合理安排速度、耐力、力量、柔韧性和灵敏性的训练。身体训练是为了促进身体全面发展，保证和促进技术、战术水平的提高，身体训练要与技术、战术训练相结合，使在训练中获得的良好身体素质在比赛中充分发挥出来。

一、力量素质

【教学目标】

1. 通过学习使学生了解提高力量素质的基本练习方法和意义，使学生知道力量素质练习的基本要求和注意事项，能够进行简单的力量素质练习。

2. 通过多种练习方式提高学生力量素质。

3. 培养学生良好的锻炼习惯和不怕苦、不怕累的品质。

【动作方法】

1. 发展颈部、上肢和肩背力量的练习

俯卧撑：俯卧，两足跟并拢，脚前掌着地，两手撑地与肩同宽，四指向前，收臀紧腹连续臂屈伸。（图4－3－1）

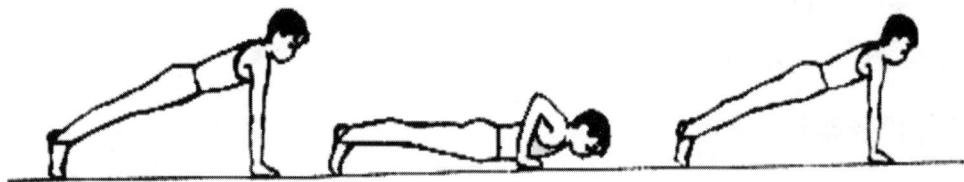

图4－3－1

推小车：甲俯卧，两臂伸直，乙双手抬起甲的双脚，甲用双手向前"行走"。（图4－3－2）

2. 发展腰腹力量的练习

一头翘：一人压练习者的腿，练习者俯卧，两臂前举，连续做体后屈伸。（图4－3－3）

仰卧起坐：两手抱头仰卧，两腿并拢屈膝，两脚放平，

图4－3－2

同伴压住脚面；两手抱头收腹，低头成坐姿，两肘触膝；然后还原，连续进行。（图4－3－4）

图4－3－3　　　　　　　　　　　　　　图4－3－4

3. 发展腿部力量的练习

单脚跳：单脚重复起跳和落地，起跳高度不要太高，起跳腿在身体腾空时前摆，大腿与地面平行。

连续跪跳起：跪立，两臂斜上举，然后两臂向下后摆，臀后坐，上体前倾，接着两臂迅速用力向前上方摆并至斜上举位置立即制动；脚背和小腿用力压垫子，提腰、展髋，使身体向上腾起，迅速提膝、收腿起立。如此反复连续进行。（图4－3－5）

图4－3－5

【教学重难点】

1. 教学重点：发展速度力量和爆发力。
2. 教学难点：科学、合理的锻炼方法。

【教学建议】

1. 根据学生的生理特点合理安排生理负荷量，避免绝对力量练习。
2. 锻炼要全面，使身体各部位得到全面的发展。
3. 要注意练习后的放松，既可以改善神经过程的协调性，而且也利于速度性力量的提高。

4. 要采用灵活多样的方法增强练习的趣味性，提高学生的兴趣和积极性。

5. 要与发展灵敏等素质练习相结合，使学生得到全面的发展。

【注意事项】

1. 教学时做到区别对待。既要考虑学生个人特点，又要考虑学生身体不同部位的力量。

2. 力量训练要注意运动负荷不要太大，多采用轻力量练习，一般不进行全堂课发展力量的教学。

3. 注意安全，使用的器材要牢固结实。

4. 为防止受伤，训练前不仅要充分做好准备活动，而且训练过程中精神和注意力必须高度集中。

【巩固与拓展】

发展力量素质游戏

［游戏名称］"足球搬运工"。（图4－3－6）

［游戏目的］

1. 发展上下肢力量和身体的灵活性、协调性。

2. 培养团结、协作能力。

［游戏方法］

将学生分为人数相等的若干队。游戏开始，2人组成"小推车"，将足球放在"车"上，运送到指定地点，然后迅速跑回本队，第二组出发。以运送快的队为胜。

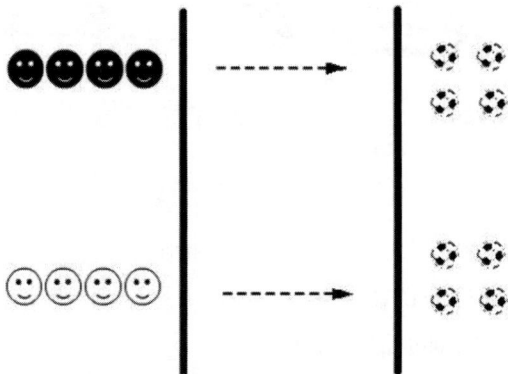

图4－3－6

［游戏规则］

1. 2人组成的"小推车"不得分离，不能丢掉足球。

2. 团结协作、互相帮助，但出发后其他人不能触球。

【评价要点】

1. 学生参与练习的积极性。

2. 学生是否了解力量素质的练习方法并能够进行简单的力量素质练习。

3. 学生能够正确认识力量素质的作用，并在练习中表现出不怕苦、不怕累的意志品质。

二、速度素质

【教学目标】

1. 通过学习使学生了解速度素质的练习方法和锻炼价值，使学生知道速度素质练习的基本要求和注意事项，能够自己进行简单的速度练习方法进行练习。

2. 通过多种练习方法发展学生的反应速度、动作速度、位移速度，进而提高身体的运动能力。

3. 加强学生的观察力、注意力和竞争意识，培养学生刻苦耐劳、坚忍不拔的精神品质以及团队合作的意识。

【动作方法】

1. 反应速度

（1）各种身体姿势下，突发信号的快速移动。采用蹲踞式、站立式、侧身站立、背向站立、坐地、俯卧、仰卧、滚翻、原地跳跃等姿势。听到突发信号，立即向指定方向快速移动。

（2）变换各种方向的跑。向前跑动时，听到信号后，迅速改变方向、临时突发指定方向跑。

2. 动作速度

（1）无球动作速度。在规定时间内进行如高抬腿、纵跳、仰卧起跳等动作练习。

（2）有球动作速度。在规定完成动作次数或规定时间内进行各种足球技术动作练习。

3. 位移速度

（1）追球跑。在足球场内，由一人将足球抛出，大家迅速追球。追到球的人再将球抛出，继续追球。

（2）短距离快速跑。用全速跑 30 米，走回起点休息充分，反复进行。

【教学重难点】

1. 教学重点：提高反应能力、动作速度和爆发力。

2. 教学难点：发展快速力量。

【教学建议】

1. 12 ~ 13 岁左右是发展学生速度素质的最佳时期，抓住这一时期的速度练习，有助于提高学生的动作速度、动作速度及反应速度的快速发展。

2. 速度素质练习应在学生兴奋性高、情绪饱满的情况下进行，一般应安排在一堂课的前半部。

3. 快速力量和柔韧性是影响速度素质的重要因素。所以在发展速度素质时，也应该注意其他素质的共同发展。

【注意事项】

1. 训练开始时，要做好充分的准备活动，尤其要活动下肢肌肉、关节、韧带等，以防拉伤、扭伤等。

2. 速度素质包括反应速度、动作速度和反应速度。教师在组织练习时应了解反应速度、动作速度和反应速度这 3 种速度之间存在的共性和差异。

3. 发展位移速度时应重视提高肌肉放松的能力。肌肉放松，张弛有度，能够减少肌肉本身的内阻力，增大肌肉合力，对速度的提高非常重要。

4. 速度素质训练时还应重视学生灵敏、协调能力的共同培养。

【巩固与拓展】

发展速度素质游戏

［游戏名称］"叫号抢球"。（图 4 - 3 - 7）

［游戏目的］

提高学生反应动作速度和灵敏性。

［游戏方法］

若干学生围成 1 个圆圈，1 ~ 3 报数并记住自己的数字。在圆中心处放 3 个球。游戏开始时学生在外侧绕圆跑动，听到教师的信号，叫到几，该数字的学生迅速就近抢球，谁先抢到得 1 分，最后看谁得分最多。

［游戏规则］

1. 在没发出信号前，必须跑动，不得进圈。

2. 数字与信号不符，抢到球扣 1 分。

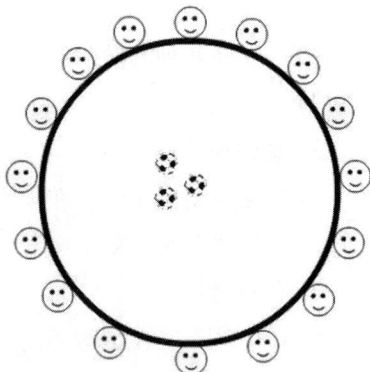

图 4 - 3 - 7

【评价要点】

1. 学生参与练习的积极性和注意力集中程度。

2. 学生是否了解速度素质的练习方法并能够进行简单的速度素质练习。

3. 学生是否能够与同伴协作，体现出团体合作精神。

三、耐力素质

【教学目标】

1. 初步学习耐力素质练习方法，使学生了解耐力素质的练习方法和锻炼价值，能够进行简单的耐力素质练习。

2. 通过多种练习方式发展学生身体耐力素质。

3. 培养学生坚强的意志品质和吃苦耐劳、刻苦锻炼的精神。

【动作方法】

1. 轮流领先跑：成一路纵队慢跑，听到信号，队尾学生立刻加速，冲到队首，然后减速领跑。当前一人跑到队伍中部时，第二人向前加速跑，以此类推。

2. 原地快速跳绳：采用单脚跳、单脚依次交替跳、双脚跳的方法，在 30 秒 ×10 组，60 秒 ×5 组的情况下进行练习。每次间歇 30~60 秒。

【教学重难点】

1. 教学重点：发展长时间持续运动的能力。

2. 教学难点：正确的运动姿势和呼吸方法。

【教学建议】

1. 良好的有氧能力不仅是无氧能力的基础，而且是身体疲劳消除快慢的关键。小学阶段要多进行有氧耐力的练习，少做或不做无氧耐力的练习。

2. 遵守循序渐进的训练原则，逐渐延长跑的距离、时间和做动作的次数。

3. 耐力训练应当注意选择正确的运动姿势和呼吸方式。耐力训练中正确的呼吸方式，对跑动能力的影响起着决定性的作用。为了达到必要的通气量，需要采用口鼻共同吸气的方式呼吸，呼吸的节奏以个人的习惯和跑速而定。

4. 耐力训练是一项十分艰苦、劳累且枯燥的活动。因此，除加强学生思想教育外，在方法手段的选择上也要注意趣味性。

【注意事项】

1. 耐力训练前要充分热身，训练后应做好恢复训练。

2. 注意了解学生的身体状况，避免出现不必要的损伤。

3. 注意训练中安排合理教学内容和适宜的运动负荷，一般在一堂课里不应只安排发展耐力的练习。

【巩固与拓展】

发展耐力素质游戏

［游戏名称］三人制足球赛。（图4-3-8）

［游戏目的］

1. 发展奔跑能力和耐力素质。

2. 提高学生战术基本配合能力。

［游戏方法］

在不设守门员的情况下进行三对三比赛。3人1队，通过运球、传球，将球停在对方的底线上为胜。攻防双方采用全攻全守，进攻时全部压上，防守时全部退回本方半区。

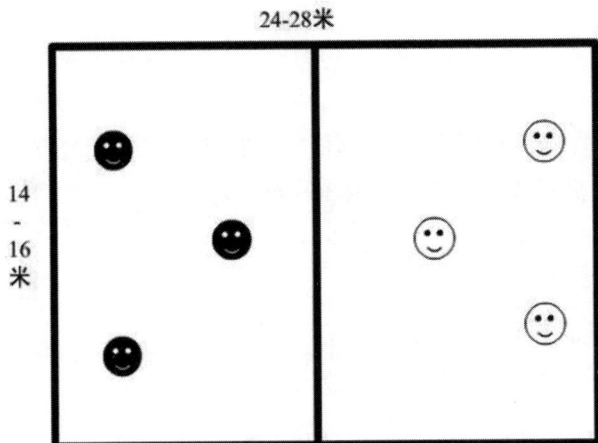

图4-3-8

［游戏规则］

1. 遵守足球比赛基本规则。

2. 场上要积极配合，分工合作。

【评价要点】

1. 学生参与练习的积极性。

2. 学生是否了解耐力素质的练习方法并进行简单的耐力素质练习。

3. 学生在练习中是否表现出吃苦耐劳、顽强拼搏的意志品质。

四、柔韧素质

【教学目标】

1. 初步学习柔韧素质练习方法，使学生了解柔韧素质的练习方法和锻炼价值，能够进行简单的柔韧素质练习。

2. 通过多种练习方式发展学生身体柔韧素质。

3. 培养学生坚强的意志品质和坚持不懈的锻炼习惯。

【动作方法】

1. 牵拉脚踝

坐下将右腿的小腿放在左侧大腿上，右手握右踝部位，左手用力扳脚趾，做屈伸练习。双脚轮流练习。

2. 单膝跪拉

单膝跪立于体操垫上，踝关节伸直，用脚背着垫，缓慢前移跪立腿的膝关节，并积极下压使脚背充分伸展，双腿轮流练习。（图4－3－9）

3. 分腿坐压腿

分腿坐垫上，一腿侧屈，脚跟紧靠在伸展腿的内侧，上体前倾，用胸部去贴近伸展腿的大腿上部。（图4－3－10）

图4－3－9

图4－3－10

4. 屈膝坐压腿

坐立垫上，两腿屈膝，两脚掌相对并拢。两脚尽量靠近身体，两手放在两膝上下压。（图4－3－11）

图4－3－11

【教学重难点】

1. 教学重点：下肢柔韧素质练习。
2. 教学难点：解决柔韧与力量的矛盾。

【教学建议】

1. 男女生柔韧性差异较大，教学时应做到区别对待。
2. 应遵循循序渐进的原则，由易到难，不要用力过猛，强调肌肉弹性，避免肌肉损伤。
3. 柔韧素质同其他素质相比，容易发展也易见效，但消退得也快，所以应坚持经常练习。

【注意事项】

1. 足球运动不要求学生柔韧性达到最大限度，发展柔韧素质到一定程度即可。
2. 在寒冷天气进行柔韧性练习要慎重，必须做好准备活动。
3. 训练时应在身体状态较好、无伤病情况下进行。
4. 要注意柔韧素质与力量素质的关系，避免因过多的柔韧素质练习造成力量素质的消退。

【巩固与拓展】

发展柔韧素质游戏

［游戏名称］翻山越岭。（图4－3－12）

［游戏目的］

1. 发展学生肩部和脊柱的柔韧性。
2. 培养学生团队意识和协作能力。

［游戏方法］

将学生分成人数相等的若干队，每队成纵队站立，每队排头持一足球。游戏开始，排头从胯下向后传球，然后后转。传到最后一人，采用头上向后传球。依次分别从左侧和右侧传球，以先完成传球的队为胜。

［游戏规则］

1. 除转体外，脚不能随便移动。
2. 球掉落由传球人捡球，然后继续。

图 4 - 3 - 12

【评价要点】

1. 学生参与练习的积极性。

2. 学生是否了解柔韧素质的练习方法并进行简单的柔韧素质练习。

3. 学生是否具有坚持锻炼的意志。

五、灵敏素质

【教学目标】

1. 初步学习灵敏素质练习方法，使学生了解灵敏素质的练习方法和锻炼价值，能够进行简单的灵敏素质练习。

2. 通过多种练习方式发展学生身体柔韧素质。

3. 培养学生吃苦耐劳的优良品质和集体合作的意识。

【动作方法】

1. 附加动作的抛接球

将足球抛向天空，然后迅速做拍手、下蹲、转体等附加动作数次，再接住回落的球。

2. 踢毽子

用盘踢、拐踢、磕踢、绷踢等各种方式踢毽子。

3. 10 米 ×4 往返跑

从 10 米长场地一端起跑，快速跑到另一端，用手触端线后，快速跑回，用手触及这一端线后，再返回去。如此重复 2 次。

4. 后退跑

背对跑动方向，后退跑。

5. 步伐练习

通过使用标志盘、软梯等辅助工具进行有关步伐节奏与频率的练习。

【教学重难点】

1. 教学重点：综合发展反应、平衡协调等能力。

2. 教学难点：控制身体的平衡性与协调性。

【教学建议】

1. 灵敏素质带有一定的综合性，有赖于反应速度、动作速度、爆发力等素质自动化的配合。所以，训练时应同其他素质练习（含有球或无球）结合进行，但侧重点不同。

2. 采用的方法、手段应多样化，以游戏性、竞争性和趣味性为宜。

3. 应在学生身体状态好和神经系统兴奋性高的情况下进行为宜，一般安排在课的前半部分或结合准备活动进行。

4. 在足球教学中，很多情况下都可以结合灵敏素质进行训练，对于小学阶段的学生来说，要尽可能地通过多种方法进行发展灵敏素质的练习。

【注意事项】

1. 在学生身体快速发育阶段，有些学生的灵敏素质可能会出现下降或停滞不前的情况。这些都属于正常情况，一般经过一段时间的练习就会得到恢复和发展。

2. 在练习中要提醒学生集中注意力，避免出现不必要的损失。

【巩固与拓展】

发展灵敏素质游戏

［游戏名称］"你争我夺"。（图4-3-13）

［游戏目的］

1. 提高球感和控球能力，发展灵敏素质。

2. 培养竞争意识。

［游戏方法］

2人1组，在直径3米左右的圆内游戏。1人通过各种虚晃、拨球、颠球、起动、回扣等动作控球，另1人抢球，抢到球后控球。2人交换角色，看谁控球时间长。

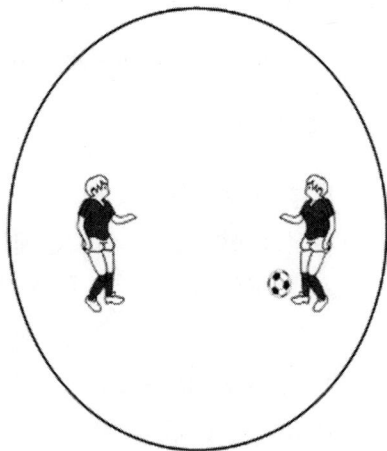

图4-3-13

［游戏规则］

1. 抢球时不准推、拉人，不准踢人。

2. 球出界，由最后触球者对方控球。

【评价要点】

1. 学生参与练习的积极性。

2. 学生是否了解灵敏素质的练习方法并进行简单的灵敏素质练习。

3. 学生能否在对抗中体现出顽强拼搏的意志品质。

第四单元 足球战术

足球战术就是比赛中为了战胜对手，根据主客观的实际情况所采用的个人和集体配合手段的综合表现。比赛实践证明，熟练而巧妙地运用战术是夺取比赛胜利的重要因素。

足球比赛是攻和守这对矛盾组成的，攻和守不断地变换组成了比赛的全过程。因此，足球战术可分为进攻和防守战术两大系统，其中又分别包含着个人和集体战术两类。比赛的实践已证明，成功地组织战术和巧妙地运用战术是夺取比赛胜利的重要因素，做到扬长避短才能克敌制胜。

【战术分类】

1. 进 攻

（1）个人：传球、射门、运球、过人、接球、掷球、摆脱、跑位。

（2）小组：掩护配合、传切配合、二过一配合及三人配合等。

（3）全队：边路、中路、转移、反击等。

（4）定位球：开球、角球、球门球、任意球、掷界外球、罚球点球。

2. 防 守

（1）个人：选位、盯人。

（2）小组：保护、补位、围抢等。

（3）全队：区域、盯人、混合。

（4）定位球：开球、角球、球门球、任意球、掷界外球、罚球点球。

一、个人战术

（一）传　球

传球是集体配合的基础，它是完成战术配合、创造射门机会的主要手段。选择传球目标、掌握传球时机和控制传球力量是传球的主要战术内容。传球按距离可分为短传（15 米以内）、中传（15～29 米）和长传（30 米以上）；按传球的高度可分为地滚球、低平球和高空球；按传球的方向可分为直传、斜传、横传和回传。

1. 传球目标

一般可分为向脚下传和向空当传两种。比赛中向空当传，特别是向前方空当传球能有效地渗透防守线，形成对对方的威胁，是进攻传球的主要形式。但比赛中也需要向脚下传和横传、回传。这些传球的目的是为了更好地控制球，掌控比赛的节奏，为有效地向前、向空当传做好准备。过多地向脚下传和横传、回传虽能控制球，但对对方门球威胁较小；单一地向前、向空当传球虽然推进速度快，却易被对方识破而降低传球成功率。所以两者必须有机结合、灵活应用，才能达到最佳效果。

比赛中当控球者同时可向几个队员传球时，应把球传给对对方威胁最大的队员或空当。一般来说，向前、向空当跑的队员威胁较大，传球队员要注意把球准确地传给队友或空当。

2. 传球力量

传球的力量以既不利于防守队员的抢截，又有利于接球队员处理球为宜。当向被防守的队友传球时传球力量要稍大一些；向空当传球时，要注意传球的速度应与同伴跑动的距离和速度相结合；向前方传渗透球时，若突破队员速度快，防守队员的位置也较远，对方守门员不易出击截球的情况下，传球力量可大些，以利于突破队员发挥速度优势。

3. 传球的时机

一般有两种情况。

（1）传球在先，跑位接球在后，即传球指挥跑位。这种传球主要是控球者通过传球，指挥接应者按传球路线进行跑位接球来实施战术意图。如转移进攻，当一侧边路进攻时，能吸引对方大量队员在该区布防，这时控球者突然又将球转移到异侧边路，异侧队员及时插向该空当进行快速进攻。又如快速反击，控球队员截得球后，快速将球传向防守队员身后空当，接球队员快速插向空当接球，实施射门。这种传球，一定要突然、快速，接球队员也应快速跑向传球点，否则易被对方识破，战术也难以奏效。（图 4-4-1）

（2）跑位在先，传球在后，即跑位引导传球。这种传球主要是指数个接应者同时各自跑向空当，控球者应选择最有威胁空当进行传球。如前卫队员在中场得球后，相邻前卫靠拢接应，边后卫从边路插上，中锋回撤接应，另一中锋插向该中锋拉出的身后空当，

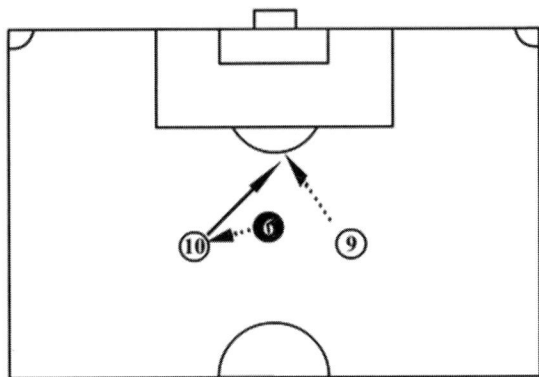

图 4 - 4 - 1

这时控球队员选择中后卫身后的空当进行传球。这种类型传球的最好时机，是在同伴跑动中将要超越对手的瞬间，若传早了，同伴还未靠近对手，则防守队员来得及转身把球抢截下来；若传晚了，则可能造成同伴等球，防守队员能及时转身回追补位，若该防守队员是倒数第二名对方队员，还会造成同伴越位。

　　一般来说，以上两种传球第一种虽传球属单点单线，隐蔽性较差，但只要传球突然、快速、准确，仍具有一定的威胁。第二种传球属多点多线，传球者有充分选择的余地，有较大的隐蔽性，防守者不易防守，战术成功率较高，是主要传球配合形式。

　　4. 传球注意事项

　　（1）传球前要注意观察，预见同队队员和防守队员的意图。

　　（2）传球时尽量快速、简练。

　　（3）传球时要隐蔽自己的意图使对手不易察觉。

　　（4）后场少做横传或回传，特别在雨天比赛更应谨慎。

（二）射　门

　　运用足球进攻战术的最终目的是把球射进对方球门。任何进攻，不论组织的如何精彩，但没有形成有威胁的射门，也就失去了战术运用的目的。

　　1. 射门要做到准确、突然、有力

　　准确是射门的前提，在准确的基础上，要射得突然，它往往能使对方守门员来不及做出反应。射门力量也是很重要的一个因素，尤其在远射时，力量更能显示其威力。

　　2. 抓住防守失误射门

　　在比赛中，把球射进球门的概率一般是不太大的。有很多进球得分，都是抓住防守队员的失误创造的。所以，进攻队员需要时刻注意抓住对方的失误制造进攻机会。同时，在某些战术安排下，会加大在对方半场的抢截力度，迫使对方更易出现失误。

　　3. 创造机会射门

　　射门机会的获得除了抓住对方队员防守上的某些失误，或者依赖同伴的传球，更重要的是应该通过积极主动地、合理地跑位，摆脱防守来制造射门机会。

4. 射门的应变能力

足球比赛是一项持续不断和变化莫测的运动。虽然各队都有各自的战术安排，但比赛中既定战术的执行在很大程度上会受到对方和其他条件的制约，这一点比其他运动项目表现得更为明显。因此，运动员要善于应付射门时遇到的各种情况。队员尤其是锋线队员必须拥有良好的应变能力。

（1）针对对方守门员技术特点，攻其弱点。如该守门员接高球比接低球好，那么就多射低球。

（2）针对守门员站位时出现的偏差，攻其漏洞，往往能加大对方守门员处理球的难度。

（3）根据实际情况，选择合理的射门方法。如没有充分的时间和角度运用正脚背射门时，可以采用脚尖捅射或脚内侧推射，往往能取得奇效。

总之，当今足球比赛中，队员很少有机会在准备充分的情况下射门。因此，队员只有熟练地掌握各种射门技术，才能对临场出现的各种来球采取应变措施，以便抓住射门机会。

（三）运球突破

运球突破是个人进攻战术动作，它可以在局部地区造成以多打少的人数优势，运球突破最后一道防线即可直接威胁对方球门，也为本队其他队员制造射门得分机会。要想突破对手的防线，需要掌握全面技术，特别是快速起动和运球过人的技术。运球过人突破防守的方法有强行突破、假动作过人突破、人球分走、穿裆过人等。运球过人、运球突破是学生非常喜欢练习的战术动作。一对一情况下的过人可以多加练习，但要使学生明确传球比运球快得多。（图4-4-2）

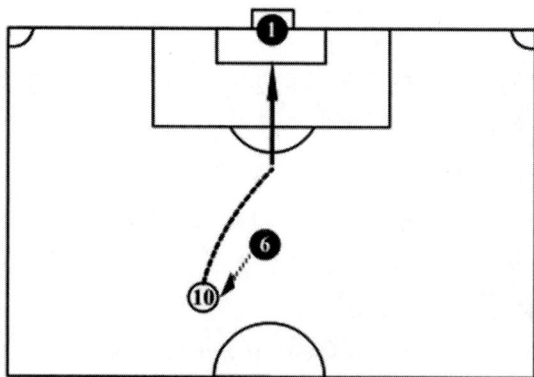

图4-4-2

（四）选位与盯人

1. 选位是指防守队员在防守时选择占据合理的防守位置。一般选位应处于对方队员与本放球门中心所连接的直线上。在攻守转换瞬间，防守队员要先于对方选好防守的有利位置，并延缓对方的进攻，时刻做到人球兼顾，根据对手和球的位置变化而快速选择合理的防守位置。

2. 盯人防守是指在正确选位的基础上，根据不同的场区和任务，对防守对手实施紧逼盯人或松动盯人。一般来说，对于对方的有球队员和在可以对球门造成威胁的对方队员进行紧逼盯人；对于离球较远和所处位置不能对球门造成威胁的对方队员可以进行松动盯人。盯人防守的方式要随着球的转移和对方队员的位置变换而随之改变。

二、小组战术

小组战术是指在局部地区 2 名或 3 名队员，通过传带球、跑位配合，突破 1 个或 2 个防守队员的方法。小组战术有 2 人进攻配合和 3 人进攻配合。

（一）2 人进攻配合方法

比赛中经常采用的 2 人局部进攻配合有传切配合、掩护配合和二过一配合。局部 2 人配合是整体进攻战术的基础。不论在任何一个场区，任何 2 名同队队员（守门员除外）都可以采用。完成 2 人配合的能力强弱，直接反映球队的进攻战术的质量。而 2 人配合的质量与队员的技术水平及其配合的默契程度密切相关。

（二）3 人进攻配合方法

3 人进攻配合战术，一般是指在比赛中局部地域出现 3 名进攻队员攻击 2 名防守队员（三打二）的有利局面时，所采用的战术手段。它与 2 人配合比较进攻面广，传球的点与路线一般有 2 个以上，所以战术变化比 2 人配合要多，对防守的威胁也较大。但由于其配合是由 3 人构成，其复杂和困难程度比 2 人配合要大，因而对队员的要求也相应高些。3 人配合归纳起来大致可分下列几种。

1. 第二空当
一名队员跑向一个有利的空当，牵制一名防守队员，使在该地域出现空当，第二个队员迅速插向该空当与控球队员利用传切配合战胜另一防守队员。

2. 进行"三过二"配合时，应注意以下两点
（1）3 个队员基本呈三角形。当一名队员控球时，另外 2 名队员应一拉一插或一接一插，不能重叠插和接，在时间上要有先后。
（2）控球者在接传球前应注意观察，便于选择最有威胁的进攻配合。

（三）2 人局部进攻配合

比赛中经常采用的 2 人局部进攻配合有传切配合、掩护配合和二过一配合。局部 2 人配合是整体进攻战术的基础。不论在任何一个场区，任何 2 名同队队员（守门员除外）都可以采用。2 人配合的能力强弱直接反映球队的进攻战术的质量。而 2 人配合的质量与队员的技术水平及其配合的默契程度密切相关。

1. 传切配合

（1）斜传直插配合。进攻队员做斜传，直接插到对方的身后空当接球，突破对方的防守。（图 4 - 4 - 3）

（2）直传斜插配合。进攻队员直线传球，接球队员从对方防守队员的内线空当斜线插入到他身后空当接球。（图 4 - 4 - 4）

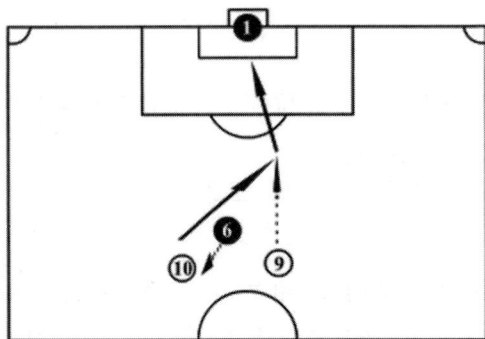
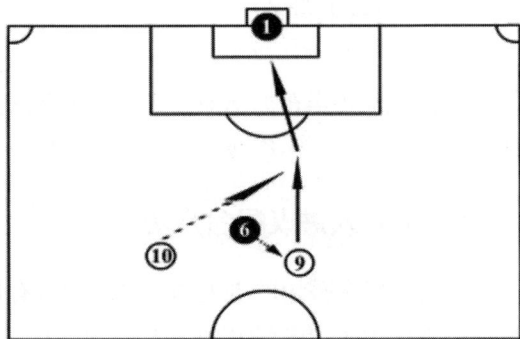

图 4 - 4 - 3　　　　　　　　　　　　　　图 4 - 4 - 4

要求：控球队员用运球或其他动作诱使防守者上前阻截，这就为传球创造了条件。插入的队员突然快速起动接球。但要注意起动时间，避免越位。

2. 交叉掩护配合

比赛中经常采用的 2 人局部进攻配合有传切配合、掩护配合和二过一配合。局部 2 人配合是整体进攻战术的基础。不论在任何一个场区，任何 2 名同队队员（守门员除外）都可以采用。完成 2 人配合的能力强弱直接反映球队的进攻战术的质量。而 2 人配合的质量与队员的技术水平及其配合的默契程度密切相关。

3. 踢墙式"二过一"配合方法

"二过一"配合是在局部地域，2 名进攻队员通过 2 次传球越过一名防守队员的战术手段。踢墙式"二过一"，进攻队员带球向前逼近后向另一队员脚下传球，该队员接球后直接将球传至防守队员背后空当，接应队员快速切入接球。（图 4 - 4 - 5）

【教学要求】

1. 对控球队员的要求。

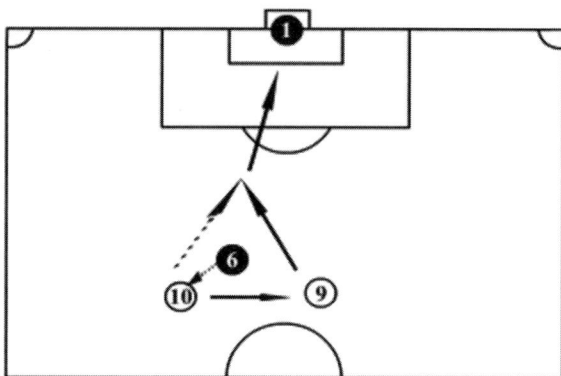

图 4 - 4 - 5

（1）带球逼近防守队员至 2 ~ 4 米处传球。

（2）最好传地滚球，力量要适度，球要到位。

（3）传球后立即快速切入，准备接球。

2. 对做墙队员的要求（即接应队员）

（1）控球同伴带球逼近防守队员时，做墙队员要突然向侧后方摆脱防守者，并侧对进攻方向，这样有利于传球、有利于观察和应变。

（2）一次触球，力量适度。传球到位，尽量传地滚球。

（3）传球后立即跑位，寻找再次进攻的有利位置。

（四）回传反切"二过一"配合方法

进攻队员回撤迎球，防守队员紧逼，接应队员接球后再回传，立即返身切入防守队员身后空当接球。（图 4 - 4 - 6）

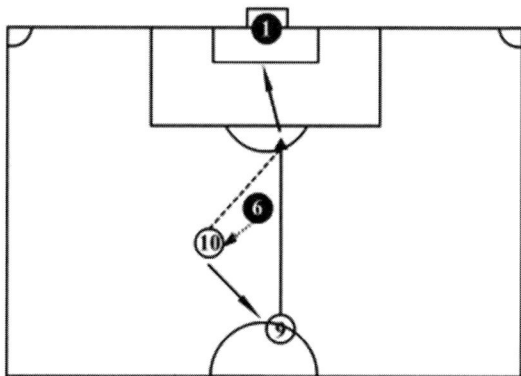

图 4 - 4 - 6

【教学要求】

运用回传反切"二过一"时要有一定的纵深距离，特别是在罚球区前中间地区更要估计到守门员可能出来断截的情况。

1. 对控球队员的要求

（1）运球至与接球队员 8~10 米处传球。

（2）向接球队员脚下传球，传球力量稍大。

（3）接到传球后立即将球传到防守队员身后空当。

2. 对反切队员的要求

（1）回撤接球要逼真，以引诱防守队员实施紧逼。

（2）回传的球应向脚下传球，传球力量稍大。

（3）回传后迅速转身插向防守队员身后空当。

（五）第二空当

3 人进攻配合战术，一般是指在比赛中局部地域出现 3 名进攻队员攻击 2 名防守队员（三打二）的有利局面时，所采用的战术手段。它与 2 人配合比较进攻面广，传球的点与路线一般有 2 个以上，所以战术变化比 2 人配合要多，对防守的威胁也较大。但由于其配合是由 3 人构成，其复杂和困难程度比 2 人配合要大，因而对队员的要求也相应高些。

3 人配合归纳起来大致可分下列几种：第二空当、连续"二过一"。

第二空当：一名队员跑向一个有利的空当，牵制一名防守队员，使在该地域出现空当，第二个队员迅速插向该空当与控球队员利用传切配合战胜另一防守队员。

（六）连续"二过一"

进行"三过二"配合时，应做到以下两方面。

1. 3 名队员基本呈三角形，当 1 名队员控球时，另外 2 名队员应一拉一插或一接一插，不能重叠插和接，在时间上要有先后。

2. 控球者在接传球前应注意观察，便于选择最有威胁的进攻配合。

【教学方法】

1. 介绍战术要领、目的意图。

2. 应该较熟练地掌握常用的传球方法，并能快速、简练、多变地进行传球配合。

3. 3 人 1 组抢截球练习。

4. 应该学会隐蔽自己的传球意图，使对手难以捉摸。

5. 要求学生养成传球配合的战术意识。

6. 多向前传、多向空当传、多传直线球、多打地面配合。

7. 传球配合应与射门相结合起来。

8. 一侧进攻受阻，应适当采取长传球转移进攻方向。

9. 教师应在比赛中进行指导教学，要求学生多传球，多进行连续"二过一"的配合，传球后跑动再接应，通过团队配合的方式完成进攻。

（七）保护、补位、围抢

1. 保护是指在同伴紧逼压迫对方控球队员时，自己选择合理有利的位置来保护同伴，并防止对方突破和封锁对方向前传球的空间。保护时选位一般站在同伴的侧后方（根据本方对对方的位置选择站在靠近球门一侧还是远离球门一侧）并相距一定的距离（这个距离既可以帮助同伴防守使对方不能形成突破，又可以封锁对方向前传球的路线）。

2. 补位是指防守队员通过互相协作完成的防守战术配合。补位分为两种：一种是在同伴失去防守位置时其他队员暂时替代其防守职责的补位，如边后卫参与进攻时被对方反击，这时就由其他队员来暂时补边后卫的位置；另一种补位是队员之间交换防守的补位，如对方在边路做套边配合时，可能就需要防守队员之间交换防守。

3. 围抢是指两名及以上的防守队员同时围堵、抢断对方控球队员的防守战术行动。一般来说，本方半场两边底角和边线附近都是围抢的有利区域。围抢时首先要限制对方的活动范围和封锁传球路线，再进行快速果断的围抢往往能取得成效。

三、定位球战术

定位球战术包括中圈开球、掷界外球，球门球，罚球点球、角球和任意球，特别是被世界足坛愈来愈重视的角度球和罚球区附近的任意球战术。这是因为比赛的结果常常以一个定位球决定了关键性比赛的胜负。有人统计，40% 左右的进球来源于定位球。因此必须重视定位球战术的训练。

（一）任意球攻守战术

一般说来战术配合简练，成功的可能性就会大些。能对对方构成较大威胁的是发生在罚球弧处的任意球，但是比赛的实际告诉我们这个地域的任意球机会较少，而罚球区两侧的任意球机会较多。为此，着重分析、练习前场 30 米罚球区附近的任意球。

1. 直接射门

无论在场地中间或两侧获得任意球的机会时，只要有可能射门，最好的办法就是直接射门，随着守队排墙人数的增加，直接射入对方球门变得更加困难。因此，射手更需要掌握高超的踢弧线球的技术。同时，攻队队员常采用在对方人墙的两侧或中间"夹塞"的办法，或者在罚球点自行排成人墙，以此在射门前阻挡守门员的视线，使其看不清罚球队员动作，而在射门时这些队员迅速让出空当，使射出的球通过空当。比如，9 主罚，

4、2 分别排在人墙的侧面和中间。在 9 射门前，4 起阻挡守门员视线的作用。射门时 4 和 2 迅速离开人墙，球从 2 离开的空隙中穿过，射至近角，使守门员难以防守。当然这种射门的难度是很高的。

2. 配合射门

在罚球区的侧角和两边，当不可能直接射门时，则应进行配合射门，经常采用短传配合和长传配合有两种。但配合的传球次数宜少，宜简不宜繁。传球和射门配合要默契。为避开人墙要用声东击西假动作分散对方注意力。

（二）角球攻守战术

角球的进攻战术。随着技术的提高和角球战术的发展，已使角球的威胁大增。角球进攻战术可分为短传角球和长传角球。

角球的防守战术。对方踢角球时，可由 10～11 人参加防守。由 1 队员离球 8～9 米，封堵和限制对方角球的有效落点。

（三）界外球攻守战术

足球比赛中掷界外球的次数很多，特别是在前场的界外球，它已接近了角球对双方所产生的影响和效果。

1. 掷界外球进攻战术

（1）直接回传：由接球者直接或间接回传给掷球者，由掷球者组织进攻。

（2）摆脱接球：用突然的变速变向摆脱防守，接应或插入接球，展开进攻。

（3）长传攻击：由擅长掷球的队员掷出长传球，由同伴在对方门前配合攻击是经常用的方法。如掷球给跑动中的同伴，接球后用头顶后蹭传球，另 2 名队员配合同时包抄抢点攻门。

2. 界外球防守战术

（1）在掷球局部要紧逼，特别是有可能接球者，要死盯。

（2）对比较危险的地域和有可能出现的空当要重点防守和保护。

（3）对手在前场掷球时，应采取相应的防守对策。派人在掷球者前面影响掷球的远度和准确性，对重点对象要盯紧，选择防守的有利位置。

（四）球门球战术

1. 进攻方法

（1）长传和短传方式直接将球踢出，组织进攻。

（2）通过守门员和后卫的配合，由守门员再发球进攻。

2. 球门球的防守

（1）对方大脚发球时，要严密控制落点和紧逼盯人，并做好保护。

（2）本队进攻结束，对方踢球门球时，除前锋队员干扰对方配合，延缓进攻速度外，其他队员应回防到位。

（五）开球战术

1. 开球进攻战术

（1）组织推进：利用开球进行控制球、倒脚，寻找进攻机会。

（2）长传突袭：利用比赛刚开始对方思想不集中，站位不好，出现明显空当时，采用长传突袭，使对方措手不及。这种战术即使不能成功，也会给对方造成心理上的压力。

2. 开球防守战术

主要是全队思想集中，选好位置，严防对方偷袭。当对方采用短传推进时，按防守原则行动，力争尽快地夺得控球权。

（六）罚球点球的攻守战术

1. 主罚队员

（1）以射准为主，以力射为辅，射球门的底角和上角最优，但要留有余地。

（2）心理要稳定，有必进的信心。

（3）先看守门员位置，决定射门方向，不能轻易改变决定。

2. 守门员防守

（1）应有必胜的信心，心理要稳定，因为对方主罚队员更紧张，守门员守不住不会受到更多的指责。

（2）可以采用故意放大一侧的方法，或者用假动作迷惑干扰对手。

（3）掌握对手惯用的脚法和射门方位等特点，做到有针对性的防守。

（4）不论球射向哪个方向，都要做出一个预判（如判断对方会射向一边底角，那在球射出时就往一侧底角扑出）。如果等到对方把球踢出后再进行扑救往往是来不及的。